解深密經精要

最眞實心識的智慧

生命本無生滅，存在本身即是圓滿安樂自由

唐・玄奘◆原譯
梁崇明◆編譯

目次

序

《解深密經》，略稱《深密經》，全經共五卷八品，以闡述大乘境、行、果的深義為中心，解釋佛陀自內證的甚深秘密妙義。此經在印度最早為《瑜伽師地論》所引用，作為教證，《成唯識論》也一再引用此經，顯示《解深密經》備受瑜伽行派之推崇。《解深密經》亦是學習唯識宗的必讀經典，在唯識學創立過程中，許多核心理論都淵源於此。另外，此經也是要深入禪觀者重要的經典依據。

《解深密經》展現釋尊最深密的教義，解釋諸經甚深隱密之義，故名解深密。本經解開深層心識的奧妙，闡明沒有實體存在的究竟存在本性。「解」不僅是解開、理解，亦是對於法的解脫。《楞伽經》與《解深密經》同樣被彌勒瑜伽行派視為根本經典，在《楞伽經》中所說的「如來藏藏識」，涵義即「顯現為識境之佛內自證智境」，此修行要修空、無相，求得解脫，這過程為第一階段；而第二階段要證到佛性圓融，這過程是修心識之用，此識不是眼、耳、鼻、舌、身、意識等認知，而是要修習自性所俱足的種種法相，及其各自性之功能。唯識宗強調「轉識成智」、「轉依」，其所轉即由識境轉成智境，這就要學習《解深密經》之大圓鏡智、成所作智，也是修行的第二階段。

對於心識的理解，《解深密經》廣闡了義中道之教，說明避免否定一切法和一切相的二邊錯誤，展現其所謂的了義的層次。宇宙人生的實質，真實不虛，但必須遠離錯誤觀念，空去遍計所執才能證得，所以依圓成實立勝義無性。〈分別瑜伽品〉中，說明凡夫顛倒了的認識，是沒有把握一切皆由識變現的真實本質。修行有次第，修行人初步沒有定，故要先修空，之後再回有，此有為真有，非假有。證到空的人，能夠認識自己與外界的一切都是自心所造，離開自心，並非有實在的東西存在，因而掌握此唯識，不起心動念，將對自己及外在物質的執著連根拔起（我執及法執），此時獲得的思維功能及認識境界裡，就能瞭解佛性與存在為真實本性。對於存在的真實本性，最後達到最高最圓滿的覺悟，才使一切存在的真實本性完完全全地顯示出來，使最圓滿的存在狀態顯示出來，這存在狀態也就是「圓滿成就的存在實態」。《解深密經》的目的，即在使人遣遍計，悟依他，證圓成。

讀經論必須與觀修配合，始能知其境、行、果究竟為何，若唯落名言，必成「遍計」。「在實踐中應用」，指的就是把已經在名言概念上理解的東西，變成直接的體驗。再來，就是與沒有造作、沒有生滅變化此存在實態相應，此狀態為徹底打破了對語言名稱的實體性執著，對於存在的本性、自心，認識得清清楚楚。若實修上不懂心，不能得解脫。「心」和「識」是一致的，能產生一切法，而這和合成一味就是成就眾生心中的或事業都能相應，是依「圓成實性」來產生，依成所作事智來成就。修習此經，通達此等無上甚深微妙之法，深奧的密意、解脫的妙義從了悟圓滿的存在實態中明朗起來，而得解脫知見，理解沒有心外實有我法境界，真實不虛的是當下的存在，就能直接地去體悟我們的真實存在就其本身即是圓滿、安樂，充滿佛國世界中真實的喜樂和愉悅。

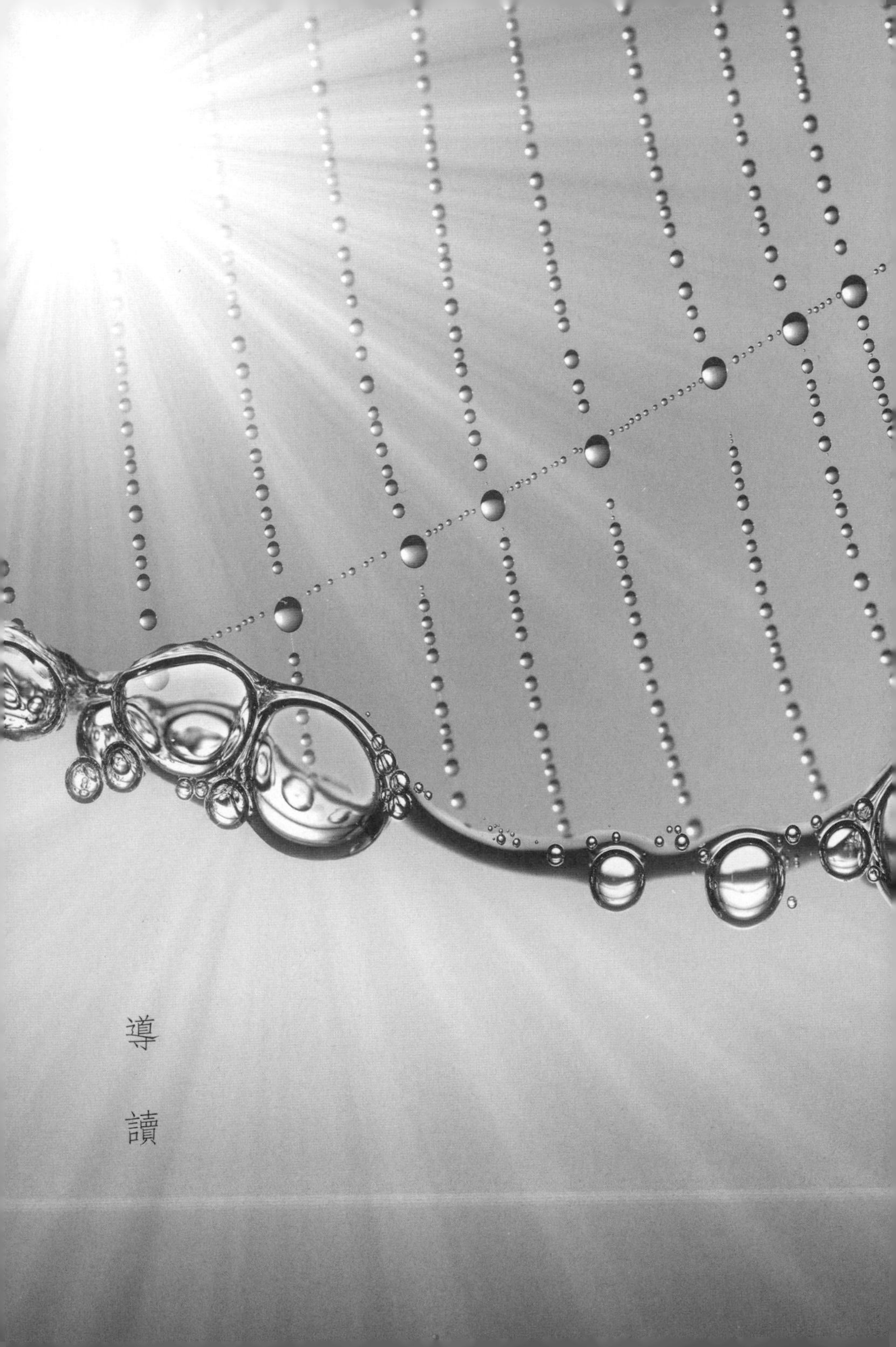

導讀

《解深密經》是許多唯識學重要理論，如諸法唯識、一切種子心識、三性三無性、三時判教，也都淵源於此，是學習唯識宗的必讀經典。本經也是瑜伽行派之根本經典之一，除序品外，正宗七品的全文在《瑜伽師地論》中被整篇引用，《攝大乘論》、《成唯識論》也引用此經。慈恩宗人更依此經《無自性相品》，分判釋迦如來一代的教法，為有、空、中道三時教，並依此經的《心意識相品》及《一切法相品》文以三性說及唯識說為一宗的根本教義。

四個譯本

一、劉宋求那跋陀羅譯，名《相續解脫地波羅蜜了義經》及《相續解脫如來所作隨順處了義經》。

二、北魏菩提流支譯，名《深密解脫經》。

三、南朝陳真諦，於陳保定年間譯，名《佛說解節經》。

四、唐朝玄奘譯，名《解深密經》。其中最為完善的即是此譯本，由彌勒菩薩所傳。

經題的意義

「深密」：有接頭、結節，關結、聯接之義。引申為煩惱相續。

「解」：即了解、解開。

「解深密」：即解脫。

解開纏縛在人心中的煩惱，了解無上甚深微妙之法，這樣的經典就是《解深密經》。如本經說：「於我甚深密意言說，如實解了，於如是法深生信解，於如是義，以無倒慧，如實通達。」

解深密經的內容

《解深密經》解釋大乘境、行、果的深義，一共八品，第一序品，第二勝義諦相品，第三心意識相品，第四一切法相品，第五無自性相品，第六分別瑜伽品，第七地波羅密多品，第八如來成所作事品。序品為序分，勝義諦相品以下七品為正宗分。而此經五卷八品，對於境行果的義理，皆有作有系統的、重要的闡述，除第一序品外，第二勝義諦相品明般若真空的義理，第三心意識相品和第四一切法相品明法相唯識的義理，第五無自性相品說世俗諦和勝義諦的無二，將空有圓融，會歸中道。這些都是說明大乘佛法的理境。第六分別瑜伽品，憑止觀修勝解行，第七地波羅密多品，依戒度修如實行，皆是說的大乘妙行。第八如來成所作事品，說佛果上的境界與事業，屬於大乘勝果所起的妙用。

解深密經的重點

一、把握真如即空性，以善巧說明無自性如：

〈心意識相品〉：「吾當為汝說心意識祕密之義。」及〈無自性相品〉：「吾當為汝解釋所說一切諸法皆無自性、無生、無滅、本來寂靜、自性涅槃所有密意。」

二、得大乘的核心：

唯以空性為真如，真如不生不滅，通於有空二法，但非斷滅，而是大乘的悲智雙運，悲智又是無為的。

解深密經的特色

一、是唯識學中最重要的一部經：

本經為唯識學中最早、最具結構性、最重要的一部經。

二、在六識之外，立阿賴耶識或阿陀那識：

如經說「阿陀那識甚深細，一切種子如瀑流，我於凡愚不開演，恐彼分別執為我。」在六識之外，立阿賴耶識或阿陀那識。

三、確立阿賴耶識說：

確立阿賴耶識說，因此有三相三無性說的生起。

四、是佛陀於淨土中所說：

本經是佛陀的報身盧舍那佛，於十八圓滿華藏世界為彌勒、文殊等宣說法義，不同於其它經典所述佛陀於穢土中的說法。

五、沒有流通分：

經末雖然有依教奉行之說，但這是散見於諸品中的流通，並不能算是全經的流通。

六、經中之論：

本經雖然是經的形式，但基於抉擇諸法性相的必要，以及對大乘經的義理凡屬深奧隱秘的，都加以解釋決定，因此偏重於論議性質的問答型態，所以又可以稱為經中之論。

三自性

經中為確立阿賴耶識說，而有三相三無性說的生起。提出的三相三無性思想是唯識宗的核心理論，也是佛教思想中最深奧的理論之一。

三自性又稱為三性、三性相、三種自性、三相。相是相狀、體相義，性是體性，其含義一樣。三自性為：

一、遍計所執性：

人們妄執五蘊、十二處和十八界以及宇宙萬法都是實有，都有自性，並普遍執著這種假有；說明了我們凡夫的我執、法執境界。

二、依他起性：

一切事物都是依因待緣和合而生的，是相有性空的假有；顯示了客觀世界中依因待緣所生的假有現象。

三、圓成實性：

徹底遠離虛妄遍計所執自性，真正明瞭一切皆依他起自性，就是圓成實自性，揭示以如實智所認識的宇宙人生實質。

三法相自本經提出後，在後來的許多唯識論典中，都有詳細的論述。如《楞伽經》說：「大慧！彼名及相是妄相自性；大慧！若依彼妄相生心心法名俱時生，如日光俱，種種相各別，分別持，是名緣生自性。大慧！正智如如者不可壞故，名成自性。」

三相理論在修證上也有重要意義。如〈一切法相品〉說：「若諸菩薩能於依他起相上，如實了知無相之法，即能斷滅雜染相法；若能斷滅雜染相法，即能證得清淨相法。」

三相的修證次第是：先認識到遍計所執相是在一切有為無為法上，假立的種種自性差別以及言說概念；於依起他相上起遍計所執相，是雜染的緣生現象；最後證入圓成實相是真實的清淨本體。

三無性

佛為破除眾生執著，說三自性後，又說三無性。三無自性，是相對三自性而說。三自性說明對一切萬法，應從三方面觀察，才能見到真相。三無性為：

一、相無性：謂一切眾生，於世間之相，處處計著，執為實有。佛為除此妄執，說一切法皆無自性。

二、生無性：謂一切諸法，皆託因緣和合而生，本無自性。

三、勝義無性。生滅的依他起法非勝義，圓成實是不生不滅的勝義諦。謂真如勝義之性，遠離遍計妄執之性。

佛法在三自性之後，又講三無性，乃因佛陀說法，分三階段。由於眾生執著於有，所以佛第一階段說法講「有」，苦集滅道，有十二因緣。第二階段說法講「空」，例如心經說：「無苦集滅道」，「無無明，亦無無明盡，乃至無老死，亦無老死盡。」第三階段是超越「有」與「空」，歸於中道。佛講「三自性」是為了破「空」執，講「三無性」是為了破「有」執，空有皆不執，歸於中道，亦無中道相可得。

諸法唯識

諸法唯識是唯識宗的核心理論，其思想是來源於《解深密經》。

經中提出一切種子心識，作為宇宙人生一切法生起的所依，如〈心意識相品〉中說：「最初一切種子心識成熟、展轉、和合、增長、廣大。依二執受：一者、有色諸根及所依執受；二者、相名分別言說戲論習氣執受。……亦名曰心，何以故？由此識色聲香味觸等積集滋長故。廣慧！阿陀那識為依止為建立故六識身轉。」此說明了一切種子心識為根本，一方面現起根身器界，及相名分別言況習氣；另一方面現起前六識，奠定了唯識學上「能變唯識思想。

本經又從瑜伽止觀的修習方面說明唯識，如〈分別瑜伽品〉說：「慈氏菩薩白佛言：世尊，諸毗缽舍那三摩地所行影像，彼與此心當言有異，當言無異？佛告慈氏菩薩曰：善男子！當言無異，何以故？由彼影像唯是識故。善男子！我說識所緣，唯識所現故：然即此心如是生時，即有如是影像顯現。」

由此可知，修習瑜伽止觀者，在定中所見到的種種影像，都是心的顯現，不離自心。

唯識中道教

唯識宗認為佛法經歷了如下三個階段：

第一時：有教。宣說的主要經典是《四阿含》等小乘經典，內容是四諦，眾生聞佛陀說四諦法，卻又執著四諦法為實有，為我空法有。

第二時：空教。宣說的主要經典是《般若經》，內容是諸法緣起性空。由於眾生聞佛陀初時教法，雖空我執，但對於諸法還不了解，生起實有法執。為破小乘實法之執，佛陀於是進而說緣起性空，顯示諸法皆空。

第三時：唯識中道教。主要經典是《華嚴》、《解深密經》等，內容是三性三無性。一部分修行者聽聞佛陀講《般若經》說一切法無自性空，趣惡取空，因此佛陀說三性三無性，顯示非有非空的中道，亦無中道相可得。

《解深密經》是唯識宗的代表經典，就是屬於第三時。此經有關全部佛說隱密意蘊的體會是在這就是由「空」到「有」一個思路下進行的，經中對佛說隱密意蘊的探討，從破斥存在的不存在性轉移到認識存在的存在性問題，隨之而起的雜染性的現實生命及其進化、淨化及改造問題就為全部佛學重要的思考中心，這就是由「空」到「有」的思想，《解深密經》就是這一教法最成功的解說。

勝義諦相

經中闡述勝義諦內容和特色，大致分為四種說明：

一、離言無二相：

說明勝義諦不是相待語言所能表示，必須透過語言概念才能證得。〈勝義諦相品〉說：「是中有為，非有為非無為；無為，亦非無為非有為。」事實上的有為或無為，不是概念上的有為無為，我們言有為無為，不過是方便假設的名言，言教是為顯發勝義，但言教本身不是勝義。

二、超尋思所行相：

尋思有推求、分別、思量義，尋思認識事物要通過名言概念，名言概念是依影像而起，只能間接認識事物。勝義諦是離言法性，是超過尋思，不可以通過尋思證得。勝義離見聞覺知所得，尋思則緣見聞覺知境界。

三、非一異性相：

勝義諦與諸行相（依他有為相）非一非異。勝義是清淨的、無差別的，諸行相是雜染的，有差別的，所以非一；勝義諦是諸行無我相、共相，所以非異。

四、遍一切一味相：

勝義諦具有普遍的、平等的、無差別的特徵，由勝義諦是清淨所緣，遍五蘊、十二處、十八界、十二緣起、四食、四諦、四念住、四正勤、四神足、五根、五力、七覺支、八正道的一切法中，無有差別。如果有差別，則必然由因所生，有生則有滅，有生滅就不是勝義諦了。

修集止觀

止是心一境性，能令心清明，是修正見和正念的基礎。而觀則能體察諸法實相，斷除煩惱，契入真理。若要鞏固正念，就需要止觀的訓練。〈分別瑜伽品〉有不少的篇幅解述止觀修行的方法。多種方法，究其根本不離四種所緣境事：

一、有分別影像所緣境事

在有分別影像中，要徧學一切法。由觀所緣，有揀別抉擇，令心分別的作用。修觀的途徑，是耳聽、目聞，乃至其他方法而得正法。修觀的方法，是對同分影像作揀擇、尋求、伺察等勝解作意。

二、無分別影像所緣境事

在修持與工夫上，斷除所知障，八地菩薩的境界無分別影像。由止所緣，有止息散動，令心寂靜的作用。與有分別影像所緣境事不同，為無分別，不作意去觀察揀擇影象，專注一境以寂止內心的躁動。這是八地菩薩以上的境界。

三、事邊際所緣境事

止觀通緣，徧滿一切真實。「事邊際」指一切存在，它的究竟。修止觀時，順隨所緣境的體性，或屬真實性、或無常性、或屬四道理（事物之存在、變化必須準據之法則）性，不變其原來的法則。

四、所作成辦所緣境事

指成大菩薩、成佛了，轉識成智了。止觀通緣，乃徧滿因果相屬諸事，也就是止觀成功的境界。行者根據上述所緣的影像，勤修習止觀。由多修習的原故，獲得究竟圓滿。由究竟圓滿，而得轉依，也就是解脫。

解深密經的修行次第

《解深密經》從勝義真理說起，次說心意識及一切法相，進而說分別瑜伽，並以止觀為行門，實說修行之要、菩薩正行及圓滿如來成所作事了義。若能把握其義實修，從「空」到「有」，從初步證到空性，從有分別心，有思想的，以這個分別思想為所緣來修行。最後到圓滿次第，心中沒有思想雜念，意識心不起分別作用，一念不生，清淨圓明，隨時無分別影像，能夠真正的止即定。這樣的修習過程令我們身心都會起變化，是事邊際所緣影事。最後徹悟成佛至所作成辦的所緣境事。

第01卷

序品第一

佛陀以報身盧舍那佛為彌勒、文殊等暢演法義，
這是在淨土中，還是在穢土中說法的呢？

【釋題】

第一品是〈序品〉，敘述本經的法會緣起。內容為教主莊嚴、法會莊嚴及本經要義，明教所以興起之因緣。

【要義】

此品敘述佛陀住光曜無比的七寶宮殿，法會莊嚴無比，於十八圓滿受用土，現出二十一種功德成就受用身時，以大悲心普為發趣一切乘者說法。文中有十九句經文描述淨土的殊勝莊嚴，為顯示淨土的十八種圓滿。其中，有具足十三種功德的聲聞眾和具足十大功德的菩薩眾，更得觀自在、曼殊室利等極位菩薩為當機者，益顯法會之隆重。

十八圓滿受用土，是說諸佛所住的淨土具備有十八種圓滿的殊勝功德。即：①顯色圓滿②形色圓滿③分量圓滿④方所圓滿⑤因圓滿⑥果圓滿⑦主圓滿⑧輔翼圓滿⑨眷屬圓滿⑩住持圓滿⑪事業圓滿⑫攝益圓滿⑬無畏圓滿⑭住處圓滿⑮路圓滿⑯乘圓滿⑰門圓滿⑱依持圓滿。

二十一種功德是顯佛陀正報的法身功德。即：①所知一向無障轉功德②有無無二相真如最勝清淨能入功德③無功用佛事不休息住功德④法身中所依意樂作業無差別功德⑤修一切障對治功德⑥降伏外道功德：不可轉法。⑦生在世間不為世法所礙功德⑧安立正法功德：其所安立不可思議。⑨授記功德⑩一切世界示現受用變化身功德⑪斷疑功德⑫令入種種行功德⑬當來法生妙智功德⑭如其勝解示現功德⑮無量所依調伏有情加行功德⑯平等法身波羅蜜多成滿功德⑰隨其勝解示現差別佛土功德⑱三種佛身方處無分限功德⑲窮生死際常現利益安樂一切有情功德⑳無盡功德㉑究竟功德。

如是我聞：

一時，薄伽梵住最勝光曜七寶莊嚴，放大光明，普照一切無邊世界，無量方所妙飾間列，周圓無際，其量難測，超過三界所行之處，勝出世間善根所起，最極自在淨識為相。如來所都，諸大菩薩眾所雲集，無量天、龍、藥叉、健達縛、阿素洛、揭路荼、緊捺洛、牟呼洛伽、人、非人等，常所翼從，廣大法味喜樂所持，作諸眾生一切義利，滅諸煩惱災橫

我所聽到的教化是這樣的：

當時，薄伽梵（即佛陀之敬稱；此詞有自在、熾盛、端嚴、名稱、吉祥、尊貴這六個意思）住在佛國淨土，到處七寶羅列（七寶泛指各種奇珍異寶，經文中出現的頗胝迦、琥珀、車渠、黃金等皆屬之），顯示佛國世界的莊嚴，散發出巨大的光明，那光明無邊無際向四面八方輻射開去，而且從三界穿透出來，那莊嚴美麗的佛國世界是從世間善根裡引發出來的，它是已淨化的心識之呈現。到處都是有益眾生身心性命的事業，這些事業能消除生命活動中一切痛苦煩惱的繫縛和污垢，遠離各種邪惡勢力、引導到佛國世界的康莊大道，大寶花王眾所建立大宮殿中。

纏垢，遠離眾魔、過諸莊嚴，如來莊嚴之所依處，大念、慧、行以為遊路，大止妙觀以為所乘，大空、無相、無願解脫為所入門，無量功德眾所莊嚴，大寶花王眾所建立大宮殿中。

是薄伽梵最清淨覺，不二現行，趣無相法。住於佛住逮得一切佛平等性，到無障處，不可轉法，所行無礙，其所成立不可思議。遊於三世平等法性，其身流布一切世界，於一切法智無疑滯，於一切行成就

世尊已經獲得最清淨圓滿的覺悟，生命的活動是不二的，歸向無相的存在真實本性。他的智慧與一切佛的真實本性是平等無有差別的，他已破除一切障礙，他借助世間語言成立的佛教教法是難以理解議論的。遊於三世平等法性，其身流布一切世界，於一切法智無疑滯，於一切行成就大覺，於一切事物智無有疑惑，擁有自身的同一性，不對他的

大覺，於諸法智無有疑惑，凡所現身不可分別，一切菩薩正所求智，得佛無二住勝彼岸，不相間雜。如來解脫妙智究竟，證無中邊佛地平等，極於法界，盡虛空性窮未來際。

與無量大聲聞眾俱，一切調順，皆是佛子，心善解脫，慧善解脫，戒善清淨，趣求法樂；多聞、聞持，其聞積集；善思所思，善說所說，善作所作；捷慧、速慧、利慧、出慧、

身體妄加分別，一切菩薩正所求智，佛法身無差別相（佛無二住即是法身）最極成滿殊勝功德，常住其中，受用身不相間雜，一切如來受用身體各各別故。如來妙智能令一切眾生解脫，於此智所現身亦到究竟，證真如相無有中邊，佛地平等法性，得窮極清淨法界，從無邊無際的過去直到無窮無盡的未來。

佛同那些無量無數的聲聞大弟子們聚在一起，一切已能與佛的心意相應，皆是稱作佛子，斷除一切煩惱，心得自在，皆是稱作佛子，解脫了煩惱的繫縛，心理安詳、自在，得善解脫，知見、思想得善解脫，持戒清淨，追求佛法的快樂；經常聽，聽了之後不會忘記，對聽聞到的佛理積累以至在思想

勝決擇慧、大慧、廣慧、及無等慧，慧寶成就；具足三明，逮得第一現法樂住；大淨福田，威儀寂靜，無不圓滿；大忍柔和，成就無滅，已善奉行如來聖教。

上形成一種力量；要按照佛法如理作意思維，在說話、語言等方面符合佛法，在行為上依照佛法如理如法地去做；在判斷某一件事情的時候，馬上知道好壞、是非（捷慧、速慧），以出世間的無漏智慧很鋒利、很仔細、恰到好處地分析出來（利慧、出慧），與真理真實相應的智慧能夠對圓滿自由的生命境界產生出理性上的正確把握、正確認識，（勝決擇慧）所了解的範圍很廣（大慧、廣慧），超過前三果的智慧（無等慧），已成就了種種智慧（慧寶成就）；具足三明（宿住隨念智證通明、死生智證通明、漏盡智證通明），已經獲得這種思維功能、認識境界，其精神活動住於存在的真實本性；徹底地清淨人世間福田，表現在外的行為顯得很寧靜、

復有無量菩薩摩訶薩，從種種佛土而來集會。皆住大乘，遊大乘法，於諸眾生其心平等，離諸分別及不分別種種分別，摧伏一切眾魔怨敵，遠離一切聲聞、獨覺所有作意，廣大法味喜樂所持，超五怖畏，一向趣入不退轉地，息一切眾生一切苦惱所逼迫地，而現在前。其名曰：解甚深義密意菩薩摩

安詳、自在，無不圓滿；很柔順、祥和，在忍辱方面的成就很高，已經能夠很好地、如實如法地根據如來所說的言教去行持。

又有無量無數的大菩薩，從其他佛國世界中趕來聚會。皆住大乘，遊大乘法，在他們內心中，一切眾生都是平等而無差別的，遠離諸分別及不分別種種分別，摧伏一切擾亂心、障礙善魔怨，作為菩薩，不會再有聲聞獨覺的作意，體驗真理所得到的法味，時時刻刻都是歡喜快樂的，沒有五種怖畏（不活畏、惡名畏、死畏、惡趣畏、怯眾畏），證果後不再退轉，斷除眾生的種種苦惱，令離苦得樂。參加這次深密法會的菩薩有無量無數，在眾多菩薩裡，這十位最著名：解甚深義密意大菩薩，有

訶薩、如理請問菩薩摩訶薩、法涌菩薩摩訶薩、善清淨慧菩薩摩訶薩、廣慧菩薩摩訶薩、德本菩薩摩訶薩、勝義生菩薩摩訶薩、觀自在菩薩摩訶薩、慈氏菩薩摩訶薩、曼殊室利菩薩摩訶薩等，而為上首。

如理請問大菩薩，有法涌大菩薩，有善清淨慧大菩薩，有廣慧大菩薩，有德本大菩薩，有勝義生大菩薩，有觀自在大菩薩，有慈氏大菩薩，有曼殊室利大菩薩等，這些菩薩是這次法會的代表。

勝義諦相品第二

將「無為」標示為生滅變化的有為存在，
還是「無為」的嗎？

【釋題】

前品已敘述本經的法會緣起，本品正式解釋本經的深密教義。勝義諦相品為辨勝義諦相。世俗諦與勝義諦合稱二諦：前者為眾生的虛妄世界，後者為聖賢的真實世界。此品闡述勝義諦內容和特徵，並用種種譬喻顯示勝義諦。

【要義】

此品透過如理請問菩薩、善清淨慧菩薩、法涌菩薩及長老善現與佛陀的問答，說明勝義諦真如是離名言的有無二相，超過尋思相、超過一異相、遍一切一味相。第一部分，由解甚深密意菩薩解答如理請問菩薩所提出的勝義諦離言無二的道理。第二部份，佛陀正式為法涌菩薩說勝義諦是聖者內自所證、無相所行、不可言說、絕諸表示、絕諸諍論，不是凡夫眾生所能尋思的。第三部份，佛陀為善清淨慧等說勝義諦與諸行相非一非異的關係。最後，佛陀為善現（須菩提）說勝義諦是遍一切一味的平等相。

爾時，如理請問菩薩摩訶薩，即於佛前問解甚深義密意菩薩言：「最勝子！言一切法無二，一切法無二者，何等一切法？云何為無二？」

解甚深義密意菩薩告如理請問菩薩曰：「善男子！一切法者，略有二種：一者、有為；二者、無為。是中有為，非有為非無為；無為，亦非無為非有為。」

當時，如理請問大菩薩（在法會提問的菩薩名字叫作如理請問。從這個名字，就可以知道如理請問菩薩擅長於提問。提的問題，恰到好處且很有水平），就在佛陀面前問解甚深義密意大菩薩說：「最勝子（從佛的教法獲得新生命的大修行人）！**佛陀曾經說過，一切諸法無二**（對待關係的概念），一切諸法無二者，什麼是一切諸法呢？什麼是無二呢？」

解甚深義密意菩薩對如理請問菩薩說：「善男子（修行佛法的善人）！一切諸法，大略有二種：**有為**，造作、有生滅變化之法；二是**無為**，是沒有生滅變化的，具有不變的真實本性之法。**有為、無為之間，不看成是有為，也不看成是無為；在無為之中，不是無為，也不是有為。**」

如理請問菩薩復問解甚深義密意菩薩言：「最勝子！如何有為，非有為非無為；無為，亦非無為非有為？」

解甚深義密意菩薩謂如理請問菩薩曰：「善男子！言有為者，乃是本師假施設句。若是本師假施設句，即是遍計所集、言辭所說；若是遍計所集、言辭所說，即是究竟種種遍計言辭所說。不成實故，非是有為。善男子！言無為者，亦墮言辭。設離有為、無為少有所

如理請問菩薩又問解甚深義密意菩薩說：「最勝子！怎麼說有為之中，不看成是有為，也不看成是無為；在無為之中，不是無為，也不是有為呢？」

解甚深義密意菩薩對如理請問菩薩說：「善男子！所謂的有為，這只是佛陀假借語言成立的一個名稱概念。如果它只是佛假借語言成立的一個名稱，那是**人們周遍計度、用語言把所觀察到的一切內容用名稱標誌出來**；如果人們只是運用名稱把知覺到的一切內容標誌出來，那就說明**那被標誌出來的對象本身只是周遍觀察、處處計度的意識虛構之產物**。因為**它本身是絕對沒有實體存在的**，那麼因此不能說有這樣一個能發生作用，能生滅變化的有

說，其相亦爾。然非無事而有所說。何等為事？謂諸聖者以聖智、聖見，離名言故，現等正覺；即於如是離言法性，為欲令他現等覺故，假立名想謂之有為。

善男子！言無為者，亦是本師假施設句；若是本師假施設句，即是遍計所集、言辭所說；若是遍計所集、言辭所說，

為存在。善男子！如果據此成立一個無為的名稱，這一概念仍然落入語言名稱。說**有為也好，說無為也罷，其實都是概念，就必然是因緣所生之法，也就必然是生滅之法，這個名稱所指示的相也是如此**。佛陀為何這樣做呢？**那些聖者用他們的聖智和聖見，因為遠離對語言名稱的執著，顯現如來之實智**；它的本性是不可用語言稱說的，為了讓其他眾生也能獲得圓滿覺悟，假借語言成立一個名稱來叫作有為。

善男子！所謂的無為，也是佛陀假借語言成立的一個名稱概念；如果它是**佛假借語言成立的一個名稱，那是人們周遍計度、用語言把所觀察到的一切內容用名稱標誌出來**；如果人們是運用名稱把知

即是究竟種種遍計言辭所說。不成實故，非是無為。善男子！言有為者，亦墮言辭。設離無為、有為少有所說，其相亦爾。然非無事而有所說。何等為事？謂諸聖者以聖智、聖見，離名言故，現等正覺；即於如是離言法性，為欲令他現等覺故，假立名想謂之無為。」

覺到的一切內容標誌出來，那就說明**那被標誌出來的對象本身只是周遍觀察、處處計度的意識虛構之產物**。因為它本身是絕對沒有實體存在的，那麼因此不能說有這樣一個能發生作用，能生滅變化的有為存在。善男子！如果據此成立一個無為的名稱，這一概念仍然落入語言名稱。說有為也好，說無為也罷，其實都是概念，就必然是因緣所生之法，也就必然是生滅之法，這個名稱所指示的相也是如此。佛陀為何這樣做呢？那些聖者用他們的聖智和聖見，因為遠離對語言名稱的執著，顯現如來之實智；它的本性是不可用語言稱說的，為了讓其他眾生也能獲得圓滿覺悟，假借語言成立一個名稱而稱作無為。」

爾時，如理請問菩薩摩訶薩復問解甚深義密意菩薩摩訶薩言：「最勝子！如何此事彼諸聖者以聖智、聖見，離名言故，現等正覺；即於如是離言法性，為欲令他現等覺故，假立名想，或謂有為？或謂無為？」

解甚深義密意菩薩謂如理請問菩薩曰：「善男子！如善幻師或彼弟子，住四衢道，積集瓦、礫、草、葉、木等，現作種種幻化事業。所謂：象身、馬身、車身、步身，末尼、真

當時，如理請問大菩薩又問解甚深義密意菩薩說：「最勝子！您剛才說到，那些聖者用他們的聖智和聖見，因為遠離對語言名稱的執著，顯現如來之實智；它的本性是不可用語言稱說的，為了讓其他眾生也能獲得圓滿覺悟，假借語言成立一個名稱而有的說有為法？有的稱為無為法？」

解甚深義密意菩薩對如理請問菩薩說：「善男子！就像魔術師和他的弟子們在四通八達的市集中表演魔術，他們堆積集成枯草、落葉、樹木、磚瓦、石塊等，利用這些材料，把它們當場變成各式各樣的東西。如大象、戰馬、車輛、行人等動物，如意、珍珠、琉璃、螺貝、璧玉、珊瑚等各種珍奇以及錢

珠、琉璃、螺貝、璧玉、珊瑚，種種財、穀、庫藏等身。若諸眾生愚癡、頑鈍、惡慧種類，無所曉知，於瓦、礫、草、葉、木等上諸幻化事，見已聞已，作如是念：『此所見者，實有象身、實有馬身、車身、步身，末尼、真珠、琉璃、螺貝、璧玉、珊瑚，種種財、穀、庫藏等身。』如其所見，如其所聞，堅固執著，隨起言說：『唯此諦實，餘皆愚妄。』彼於後時應更觀察。

財、穀物、倉庫等雜物。如果觀眾們愚昧無知，看到魔術師用神奇手法變幻出的種種事物後，這些人心裡就想：『我們看到大象、戰馬、車輛、行人了，我們看到如意、珍珠、琉璃、螺貝、璧玉、珊瑚等種種珍奇了，我們看到錢財、穀物、倉庫等種種雜物了』，這種種神奇的事物真的讓魔術師給變幻出來了！於是，根據他們自己的聽見聽聞，有些愚昧無知的觀眾就牢牢地執著著自己的錯誤觀念，說他在市集場上：『看見的魔術大師變幻而出的種種事物都真實存在，而其他各種看法是完全錯誤的。』這些人實在不懂得魔術表演的性質，要想對魔術表演有一個正確的認識，他們還需要多多觀察、多多思考。

若有眾生非愚、非鈍、善慧種類，有所曉知，於瓦、礫、草、葉、木等上諸幻化事，見已聞已，作如是念：『此所見者，無實象身、無實馬身、車身、步身，末尼、真珠、琉璃、螺貝、璧玉、珊瑚，種種財、穀、庫藏等身；然有幻狀迷惑眼事。於中發起大象身想，或大象身差別之想，乃至發起種種財、穀、庫藏等想，或彼種類差別之想。』不如所見，不如所聞，堅固執著，隨起言說：『唯此諦實，餘皆愚妄。』為

另外一些觀眾非愚癡、非鈍根、有善根而又具有智慧，他們對有清晰的覺知，看見魔術師把枯草、落葉、磚瓦、石塊等變幻成了種種事物後，這些人心想：『我們看到大象、戰馬、車輛、行人，看到如意、珍珠、琉璃、螺貝、璧玉、珊瑚種種奇珍，看到錢財、穀物、倉庫等種種物；這些幻象能迷惑人的眼睛。於是根據感覺到的幻象推測，這是大象，這是大象身上各個不同的部分，以至於推測每一個所看見的事物，推測它的自身結構，它與其他事物的差別。』不再執著自己親眼看見，親耳聽見的一切，不會說：『我所看見的一切都是真實存在的，其他人的看法都是愚痴虛妄的。』為了陳說自己的正確看法，也必須藉助於語言概念。理解之後就不需要再去觀察了。

欲表知如是義故，亦於此中隨起言說。彼於後時不須觀察。

如是，若有眾生是愚夫類，是異生類，未得諸聖出世間慧，於一切法離言法性不能了知；彼於一切有為、無為，見已聞已，作如是念：『此所得者，決定實有有為、無為。』如其所見，如其所聞，堅固執著，隨起言說：『唯此諦實，餘皆癡妄。』彼於後時應更觀察。

如上面，如果有一類眾生是愚夫，是異生類（凡夫是不同於聖者的生類），還沒有獲得聖人出世間的智慧，對於離言法性的真諦，是不能了知的；對於一切存在現象必須透破語言的實體性執著才會顯示其本性這一道理無法理解，在聽到有為和無為這兩個概念之後，就在心中這樣想：『我現在所得到的，有為、無為這些言教就是客觀的真實。』像所看到的那樣，像所聽到的那樣堅固執著，妄生分別，說：『我的看法是真實的，其他人的任何看法都虛妄的表現。』這些眾生尚未對存在的本性獲得認識，沒有證得離言法性，他們還需要加以觀察。

若有眾生非愚夫類，已見聖諦，已得諸聖出世間慧，於一切法離言法性如實了知；彼於一切有為、無為，見已聞已，作如是念：『此所得者，決定無實有為、無為。然有分別所起行相，猶如幻事迷惑覺慧，於中發起為、無為想，或為、無為差別之想。』不如所見，不如所聞，堅固執著，隨起言說：『唯此諦實，餘皆癡妄。』為欲表知如是義故，亦於此中隨起言說。彼於後時不須觀察。

另外一些有智慧的眾生，已經見到了勝義諦，得到了一切聖人所證的出世間的智慧，能夠如實地去認識一切法性，證得了離言法性；在聽到有為和無為這兩個概念之後，就在心中這樣想：『**我現在所得到的、所看到的不是真實的有為、無為。由於心、心所分別的關係，產生種種的行相**（心識對於外界的取境而產生的影像），好像魔術師的幻術迷惑了眾人的覺慧一樣，**對分別所起的行相，生起有為、無為的想法，或者生起有為、無為的差別想法。**』不像所看到的那樣，不像所聽到的那樣堅固執著，說：『我的看法是真實的，其他人的任何看法都虛妄的表現。』為了把他們自己對存在的正確理解表述出來，也必須藉助於語言工具。他們已經

如是，善男子！彼諸聖者於此事中，以聖智、聖見，離名言故，現等正覺；即於如是離言法性，為欲令他現等覺故，假立名想，謂之有為，謂之無為。」

爾時，解甚深義密意菩薩，欲重宣此義而說頌曰：

「佛說離言無二義，甚深非愚之所行；愚夫於此癡所惑，樂著二依言戲論。彼或不

看到語言概念的本性，他們不需要在這個問題上再進行觀察了。

善男子！那些聖人在離言法性中，用聖人的智慧、知見證得，因離開名言，覺悟到真理的境界；因此**為了讓凡夫眾生也能覺悟到真理的境界，所以假立名相，說有為、說無為。」**

當時，解甚深義密意大菩薩，想將此教義重複宣說，而說了以下偈頌：

「佛陀說存在的本性是遠離語言沒有二元對待關係的，這其中意蘊深奧不是愚昧的思維所能理解的；愚癡的人被無知狀態所惑，他們喜歡執著二

定或邪定，流轉極長生死苦；復違如是正智論，當生牛羊等類中。」

爾時，法涌菩薩白佛言：「世尊！從此東方過七十二殑伽河沙等世界，有世界，名具大名稱；是中如來，號廣大名稱。我於先日，從彼佛土發來至此。我於彼佛土曾見一處，有七萬七千外道並其師首，同一會坐。為思諸法勝義諦相，彼共思議、稱量、觀察、遍推

元對待且依附語言戲論。這些人有的是不定或所得的定，有的是邪定，因此都流轉在漫長的生死苦海中；最後因為違背這種正確的智慧，所以將會出生到牛羊等畜牲道裡面去。」

當時，法涌菩薩對佛陀說：「世尊！從這裡向東方越過七十二個殑伽（恒河）這麼多的世界（比娑婆世界至西方經十萬億佛土還要遠），那麼遠的地方，有一個世界，名叫具大名稱世界；這個世界的如來，名叫廣大名稱如來。我前幾天剛從那個世界來。我在東方國土的時候，曾看到一個地方有七萬七千外道與他們的導師，正坐在一起聚會。當時他們在研究勝義諦相究竟是什麼，這些與會人士採用思維、議論、比量、推理的手段分別、觀察、審

求時，於一切法勝義諦相，竟不能得。」

爾時，世尊告法涌菩薩曰：「善男子！如是，如是！如汝所說。我於超過一切尋思勝義諦相，現等正覺；現等覺已，為他宣說、顯現、開解、施設、照了。何以故？我說：『勝義是諸聖者內自所證；尋思所行是諸異生展轉所證。』是故，法涌！由此道理，當知勝義超過一切尋思境相。復次，法涌！我說：『勝義無相所

處勝義諦。從各種角度討論來討論去，結果對勝義諦還是不能理解。」

當時，世尊告訴法涌菩薩說：「善男子！是的，是的！一切正如你所說的。我對於超越思惟的勝義諦已經如實通達，徹底證得；為了讓沒有證悟勝義諦的眾生也能證得，才用言辭宣說、顯示勝義、打開實相，假立施設名言、像明燈照亮大眾。為什麼呢？我說：『**勝義諦是聖者內自所證（根本智親證真如）；而意識猜度、語言描述的一切對象，只不過從他人輾轉而得一些間接知識。**』因此，法涌啊！根據這個道理，應當知道勝義諦是超越意識思維、超越語言描述的存在實態。還有，法涌啊！我說：『**勝義諦是不可言說的，意識猜度、語**

行；尋思但行有相境界。』是故，法涌！由此道理，當知勝義超過一切尋思境相。復次，法涌！我說：『勝義不可言說，尋思但行言說境界。』是故，法涌！由此道理，當知勝義超過一切尋思境相。復次，法涌！我說：『勝義絕諸表示，尋思但行表示境界。』是故，法涌！由此道理，當知勝義超過一切尋思境相。

　法涌！當知，譬如有人盡其壽量習辛苦味；於蜜、石蜜

言描述的一切是有相的境界。』因此，法涌啊！根據這個道理，當知勝義諦是不能用語言來稱說或傳達的。還有，法涌啊！我說：『**勝義諦是不能用語言來稱說或傳達，意識猜度、語言描述是用具體事物來表達的有相境界。**』因此，法涌啊！根據這個道理，當知勝義諦是不能用語言來稱說或傳達的。

　法涌菩薩！你應當知道，如果一個人一生一世都只習慣於辛味和苦味；蜂蜜和石蜜的美妙滋味，

上妙美味，不能尋思、不能比度、不能信解。或於長夜由欲貪勝解諸欲熾火所燒然故；於內除滅一切色、聲、香、味、觸相妙遠離樂，不能尋思、不能比度、不能信解。」

爾時，世尊欲重宣此義，而說頌曰：

「內證無相之所行，不可言說絕表示，息諸諍論勝義諦，超過一切尋思相。」

他是無法設想、無從比較，也絕難相信的。如果一個人貪求著各種感官的感受和享樂，像烈火一般燒灼著他；對於放棄一切聲色娛樂後內心中那種奇妙、愉悅、寧靜和喜樂也是無法設想，無從比較，也絕難相信的。」

當時世尊想把以上教法的要義用簡明的語言概括出來，以便一般人記憶和掌握，就說了下面這個偈頌。他說：

「那自己親身體會的存在實態是超越主客對立的認識之對象，它不能用世間語言來描述，也不可用具體活動來顯現，在真理面前，種種爭論到此止步，勝義諦絕不是日常意識和世俗思維可以理解的。」

爾時，世尊告善清淨慧菩薩曰：「善男子！如是，如是。如汝所說：『彼諸善男子愚癡、頑鈍、不明、不善、不如理行，於勝義諦微細甚深，超過諸行一異性相，不能解了。』何以故？善清淨慧！非於諸行如是行時，名能通達勝義諦相，或於勝義諦而得作證。何以故？善清淨慧！若勝義諦相與諸行相都無異者：應於今時一切異生皆已見諦；又諸異生皆應已得無上方便安隱涅槃；或應已證阿耨多羅三藐三菩提。

那時，世尊告訴善清淨慧菩薩說：「善男子！是啊，是啊。如你所說的一樣：『他們愚癡頑鈍，不明白用勝解去修是不善巧的觀行，是不如理行觀行，他們對深奧的勝義諦，超過諸行一異的相狀不能了解。』為什麼呢？善清淨慧！**並不是於這樣有概念的觀行，便能通達了解勝義諦相，或這樣修勝義諦便能親自證得**。為什麼呢？善清淨慧！假使勝義與諸行是一的話，若真如與現象無異無分別：應所有異生（凡夫）都見真勝義諦；所有凡夫都應已經證得勝義諦證入無上方便安隱無住涅槃；或應已證得無上正等正覺。假使勝義諦相與諸行相是完全不同的兩樣東西：已見真勝義諦者則不需要排除遣除去諸行的執著；如果不排除諸行相，在定中有我執法執，這兩種相縛（相惑，即分別性，妄執遍計

善清淨慧！由於今時非諸異生皆已見諦；非諸異生已能獲得無上方便安隱涅槃；亦非已證阿耨多羅三藐三菩提。是故勝義諦相與諸行相都無異相，不應道理！若於此中作如是言：『勝義諦相與諸行相都無異者。』由此道理，當知一切非如理行，不如正理。」

所執之自性）、粗重縛（粗重惑，即依他性，妄執依他起之自性）；由於兩種縛都不能解脫，已見真勝義諦者則不能得無上方便安隱涅槃；或不應證得無上正等正覺。

善清淨慧！由於現在的凡夫並不是已經見諦，那些凡夫並不是已經證得涅槃，亦沒有證到無上正等正覺，所以勝義諦相與諸行相是一性，便不合道理。如果在這裡如此說：『勝義諦相與諸行相是一性。』的話，由於這個道理，可知他們是一切非如理行，不乎合道理。」

爾時，世尊欲重宣此義，而說頌曰：

「行界勝義相，離一異性相；若分別一異，彼非如理行。眾生為相縛，及彼麁重縛；要勤修止觀，爾乃得解脫。」

爾時，世尊告長老善現曰：「如是，如是。善現！我於微細最微細、甚深最甚深、難通達最難通達，遍一切一味相勝義諦，現正等覺；現等覺已，為他宣說、顯示、開解、

那時，世尊想重新宣說這義理，便講了此偈頌：

「行界（現象界）與勝義相真如是離開是一性或異性相狀；如果有人起分別思維話勝義諦是一或異，他們這樣便不是合理的觀行。眾生被相縛、粗重縛（煩惱種子所纏）；眾生要勤力修止（禪定）觀（觀想），才能解脫相縛、粗重縛。」

這時，世尊就對長老善現說：「是啊，是啊。善現！我釋迦牟尼佛能對那些微細到凡夫不能了解的，甚深難通達到那些未見道的菩薩都不能了解到的遍一切一味相勝義諦，我對這勝義諦能現證無上之正智；已圓滿了，便為他人宣講，從不同的角度顯示這種道理出來，設立種種名詞概念使人了解。為什麼呢？善現！已經顯示一切蘊中的清淨所緣，

施設、照了。何以故？善現！我已顯示於一切蘊中清淨所緣，是勝義諦。我已顯示於一切處、緣起、食、諦、界、念住、正斷、神足、根、力、覺支、道支中清淨所緣，是勝義諦。此清淨所緣於一切蘊中，是一味相、無別異相；如於蘊中，如是於一切處中，乃至一切道支中，是一味相、無別異相。是故，善現！由此道理，當知勝義諦是遍一切一味相。

復次，善現！修觀行苾芻，

是遍一切一味相的勝義諦了。善現！我不但在一切蘊中曾這樣顯示過，即在一切處乃至在一切道支中，也曾這樣的顯示清淨所緣是遍一切一味的勝義諦相。色蘊是一味無別異相，當知受想行識四蘊也是這樣；如於五蘊是這樣，當知於一切處中，乃至一切道支中，你修任何一蘊的勝義諦亦都是一樣無別的。所以，善現！由此道理，當知勝義諦是遍一切一味相。

還有啊，善現！修止觀的人又叫瑜伽師，**當他**

通達一蘊真如勝義法無我性已，更不尋求各別餘蘊、諸處、緣起、食、諦、界、念住、正斷、神足、根、力、覺支、道支真如勝義法無我性。唯即隨此真如勝義無二智為依止，故於遍一切一味相勝義諦，審察趣證。是故，善現！由此道理，當知勝義諦是遍一切一味相。

復次，善現！如彼諸蘊展轉異相，如彼諸處、緣起、食、

能通達證到一蘊空性真如，這真如即是勝義法，這勝義法是觀一切法無我，只要證到真如便不需在其他蘊、十二處等去尋求無我性，只要修一門便能深入體證。你在其中一法門修得勝義諦，**只要你一門深入便能證真如，證真如後便不需在其他途徑修行，因為勝義諦是同一是一樣的（真如遍一切法，在一處證得真如，就可以在一切處證得真如）**。跟隨這種無分別智是能證勝義諦真如的叫無二智，依據這種智，於遍一切一味相勝義諦真如，用這種智去審察趣證。所以，善現！由於這道理，當知勝義諦是遍一切一味相。

還有啊，善現！好像五蘊是互相不同的相貌，好像那些十二處、十二緣起、四食、四諦、大八界、

諦、界、念住、正斷、神足、根、力、覺支、道支，展轉異相。若一切法真如勝義法無我性亦異相者，是則真如勝義法無我性亦應有因，從因所生。若從因生應是有為，若是有為應非勝義，若非勝義應更尋求餘勝義諦。善現！由此真如勝義法無我性，不名有因，非因所生，亦非有為，是勝義諦，得此勝義更不尋求餘勝義諦。唯有常常時、恒恒時，如來出世、若不出世，諸法法性安立，法界

四念住、四正斷、四神足、五根、五力、七覺支、八正道都是每一種有不同是互相不同的相狀，這些都是有因緣以生的。如果任何東西的真如實性，這真如實性又名勝義又名法無我性，如果這個真如亦都是異相互相不同的話，如果勝義諦是有異相，這真如便應從因緣以生，從因緣以生便是有為法，若有為法便不是勝義諦，因為勝義諦是無為法，如果真如不是勝義諦，便要另外去找尋勝義諦。善現！由於這個**真如勝義又名法無我性，所以它沒有產生它的條件，它不是從條件中引生出來的東西，它不是有造作生滅變化的東西，**是勝義諦，**我們又知道只要在其中一法門中修行得此勝義諦，便不需要在其他地方尋求另一個勝義諦，所以勝義諦有異相**

安住。是故，善現！由此道理，當知勝義諦是遍一切一味相。

善現！譬如種種非一品類異相色中，虛空無相、無分別、無變異、遍一切一味相。如是，異性、異相一切法中，勝義諦遍一切一味相，當知亦然。」

是不對，應是一味相的，唯有那個勝義諦是常常時（不變的）、恆恆時（不滅的），不論如來出世或不出世，這勝義諦都是常在的，一切法的法性安立，安立即是本然存在，這法性本來就存在。所以，善現！由於這道理，這**勝義諦是遍一切一味相的**。

善現呀！比喻種種不同的種類的物質現象（品類即是種類，異相又是解不同，色即是物質現象），各種物質都有虛空，此虛空是無相的，無分別即是無不同的，無變異的即是無變化的，遍一切一味相，只要是物質都有虛空，都是無形無相是一味的。這樣不同形狀不同相貌的一切東西中裡面所含藏的勝義諦是遍一切一味相，我們應當知道這勝義諦如虛空一樣是一味相。」

爾時，世尊欲重宣此義，而說頌曰：

「此遍一切一味相，勝義諸佛說無異；若有於中異分別，彼定愚癡依上慢。」

這時候，世尊想重新宣說這義理，便講了這首頌：

「這個是遍一切法、是一味相的勝義諦，這勝義諦不論那一個佛都是說它是無異的；如果有人說勝義諦中是有所不同起分別心，這人一定是由於愚癡增上慢。」

心意識相品第三

為什麼能觀察諸法之因果緣起，
但沒有證得實相、超越假名，
就還不能稱為「心意識一切秘密善巧菩薩」呢？

【釋題】

本品以心意識為說明的主要物件，說明深層心識的結構，所以名為心意識相品。

【要義】

此品敘說阿陀那識、阿賴耶識、一切種子心識、心等形相，並說明與六識之俱轉關係。由廣慧菩薩請問心意識秘密善巧道理，世尊在此宣說了根本識（第八識）甚深大法，進而說明了知根本識的秘密，即根本識具有心意識三方面的功能，從而說明世俗諦一切法的根源。繼上一品〈勝義諦相品〉宣說勝義諦相為智境，本品宣說世俗諦相為識境。

爾時，廣慧菩薩摩訶薩白佛言：「世尊！如世尊說：『於心意識祕密善巧菩薩。』於心意識祕密善巧菩薩者，齊何名為於心意識祕密善巧菩薩？如來齊何施設彼為於心意識祕密善巧菩薩？」

爾時，世尊告廣慧菩薩摩訶薩曰：「善哉，善哉！廣慧！汝今乃能請問如來如是深義；汝今為欲利益安樂無量眾生，哀愍世間、及諸天、人、阿素洛等；為令獲得義利安樂，故

當時，廣慧大菩薩稟告佛陀說：「世尊！您曾經說過：『於心意識的秘密已經有體悟，是有善巧智慧的菩薩。』於心意識秘密善巧的菩薩，究竟怎樣才算於心意識祕密有善巧呢？佛是以何標準來安立他是於心意識祕密善巧的菩薩呢？」

那時世尊告訴廣慧菩薩說：「問得太好了！問得太好了！廣慧！你今天能提出這樣深奧的問題來；我知道，你是為了利益安樂一切眾生，你是為了利益安樂無量眾生、哀恤世間的眾生及天人、阿修羅等而發問的。你現在要專心聆聽，我會為你宣說心意識秘密的意義。

發斯問。汝應諦聽，吾當為汝說心意識祕密之義。

廣慧當知，於六趣生死彼彼有情，墮彼彼有情眾中，或在卵生、或在胎生、或在濕生、或在化生，身分生起，於中最初一切種子心識成熟、展轉、和合、增長、廣大。依二執受：一者、有色諸根及所依執受；二者、相名分別言說戲論習氣執受。有色界中具二執受，無色界中不具二種。

廣慧你應當知道，在六道的生死眾生中，都要根據其過去行為的牽引力，而在新的形式下開始下一期的生命，他們取得新生命的方式，有的是在卵中孵化而出的，有的是在母胎裡孕育誕生的，有的是通過潮濕發酵或黴變產生出來的，還有的靠修行力量牽引，而有不同的身分生起，有情在輪迴受生時，最初有一切種子的心識，識入母胎以後，與羯羅藍和合，展轉增長廣大，接著有六入，然後有觸、受，漸次長大。此時的種子心識有兩種執受，一者，有色諸根及所依執受，是指眼耳鼻舌身五根，這時的一切種子心識執受五根，還有所依扶塵根的

廣慧！此識亦名阿陀那識。何以故？由此識於身隨逐執持故。亦名阿賴耶識。何以故？由此識於身攝受、藏隱、同安危義故。亦名為心。何以故？由此識色聲香味觸等積集滋長故。

廣慧！阿陀那識為依止、

執受。有色界中，這兩種執受都是具足的，無色界的眾生沒有色法，只有微細的心識，所以只有執受種子的功能，沒有執受根身的功能。

廣慧！**一切種子心識又叫做阿陀那識**。為什麼呢？一切眾生身都為同一阿陀那識所執持。一切種子心識也叫做阿賴耶識。為什麼呢？阿賴耶識被這肉身所攝受隱藏了，阿賴耶識跟這個肉身唯有安危與共，同生同死。**一切種子心識，也叫做心**。為什麼呢？因為這個心識，能把視覺可及的顏色、聽覺可及的聲音、嗅覺可及的香氣、味覺可及的味道以及觸覺可及的細滑冷暖等一切事物都貯藏起來、收集起來。

廣慧！以阿陀那識為所依止，為建立的因緣，

為建立故，六識身轉，謂眼識、耳、鼻、舌、身、意識。此中有識：眼及色為緣生眼識，與眼識俱隨行，同時、同境，有分別意識轉。有識：耳、鼻、舌、身，及聲、香、味、觸為緣，生耳、鼻、舌、身識，與耳、鼻、舌、身識俱隨行，同時、同境，有分別意識轉。廣慧！若於爾時一眼識轉，即於此時唯有一分別意識，與眼識同所行轉。若於爾時二、三、四、五諸識身轉，即於此時唯有一分別意

六識才會生起，六識身是眼識、耳、鼻、舌、身、意識。六種表層心識發生現實作用的情況是這樣的：依著眼根，以色塵為緣而生起眼識，生出眼識，同時、同一個境界，還有一個分別的第六意識一起活動。同樣道理：耳、鼻、舌、身，及聲、香、味、觸為緣，生耳、鼻、舌、身識，與耳、鼻、舌、身識一起活動的，同時、在同一所緣境上還有分別意識一起活動。廣慧！如果那時只用到眼識在活動，就在這時，只有一個分別意識與眼識一起活動。如果同時有二、三、四、五個識一起活動，這時也是只有一個分別意識與五識身在一起活動。

識，與五識身同所行轉。

廣慧！譬如大瀑水流，若有一浪生緣現前，唯一浪轉；若二、若多浪生緣現前，有多浪轉。然此瀑水自類恒流無斷無盡。又如善淨鏡面，若有一影生緣現前，唯一影起；若二、若多影生緣現前，有多影起。非此鏡面轉變為影，亦無受用滅盡可得。

如是，廣慧！由似瀑流阿陀那識為依止、為建立故，若於爾時有一眼識生緣現前，即

廣慧！由於阿陀那識像瀑布的水流一樣，作為依止、為建立前六識的因，如果在這個時候，只有一個眼識生起的因緣現前，當然這時只有一個眼識

於此時一眼識轉；若於爾時乃至有五識身生緣現前，即於此時五識身轉。

廣慧！如是菩薩雖由法住智為依止、為建立故，於心意識祕密善巧。然諸如來不齊於此，施設彼為於心意識一切祕密善巧菩薩。廣慧！若諸菩薩於內各別：如實不見阿陀那、不見阿陀那識；不見阿賴耶、不見阿賴耶識；不見積集、不見心；不見眼色及眼識；不見耳聲及耳識；不見鼻香及鼻

在活動；如果這時有五個識生起的因緣現前，就有五個識同時一起活動。

廣慧！菩薩雖依知法性常住之法住智（觀察諸法之因果緣起之智；涅槃智指悟入諸法生滅無常、法性空寂之智），為建立的因緣，佛也不認為這樣的菩薩就叫做於心意識一切秘密善巧菩薩。只是了解這些道理，這樣的智慧是不夠的。廣慧！**若諸菩薩於內各別，即在內心—法的自體上：如實通達就不見阿陀那**，是不見他的用；**不見阿陀那識**，是不見他的體；**不見阿賴耶、不見阿賴耶識、不見積集**（心的功能）、**不見心**（心又名積集）；不見眼色及眼識等；不見鼻根緣香塵就生出鼻識；不見舌味

識；不見舌味及舌識；不見身觸及身識；不見意法及意識；是名勝義善巧菩薩；如來施設彼為勝義善巧菩薩。廣慧！齊此名為於心意識一切祕密善巧菩薩；如來齊此施設彼為於心意識一切祕密善巧菩薩。」

爾時，世尊欲重宣此義，而說頌曰：

「阿陀那識甚深細，一切種子如瀑流，我於凡愚不開演，恐彼分別執為我。」

及舌識，也不見舌根緣味塵而生出舌識；也不見依身根緣觸塵而生出身識；也不見依意根緣法塵而生出意識。**這樣於一切法不執其實的菩薩，才叫做勝義善巧菩薩。**廣慧！佛是以這標準來安立他是於心意識祕密善巧的菩薩。」

這時佛為了重新宣說這個道理，說了如上的偈頌：

「阿陀那識的道理非常深奧微細，阿賴耶識中一切種子就好像巨大的水流，我對於愚痴無聞的凡夫愚痴不開示這個道理，恐怕他們聽了這個甚深道理反而生起我執。」

第02卷

一切法相品第四

淨眼本性能看到什麼樣的境界呢？

人們明白自己認定名稱概念
總是和相應的物件連結在一起、
意識處處計著所虛構的實體存在後，就能了知什麼？

【釋題】

前一品〈心意識相品〉說明生死解脫的根本，〈一切法相品〉說明佛法的全體，顯了究竟的真義。三相顯了義，如來的說法本懷，教理的淺深，空有的諍論，了不了義的辨別，都在三相中。故本品名為〈一切法相品〉。

【要義】

由德本菩薩請問諸法相善巧道理，世尊宣說遍計所執相、依他起相、圓成實相等三種法相。

遍計所執相是假名安立自性差別，依他起相是一切依因待緣所生自性，圓成實相是一切法平等真如。又遍計所執相是無相法，依他起相是雜染相法，圓成實相是清淨相法。菩薩如實了知無相法，就能滅除雜染相法，證得清淨相法。通達這些道理，就可以稱為於諸法相善巧。

爾時，德本菩薩摩訶薩白佛言：「世尊！如世尊說：『於諸法相善巧菩薩。』於諸法相善巧菩薩者，齊何名為於諸法相善巧菩薩？如來齊何施設彼，為於諸法相善巧菩薩？」說是語已。

爾時，世尊告德本菩薩曰：「善哉！德本！汝今乃能請問如來如是深義；汝今為欲利益安樂無量眾生，哀愍世間、及諸天、人、阿素洛等；為令獲得義利安樂故，發斯問。汝應諦聽，吾當為汝說諸法相。

當時，德本大菩薩稟告佛陀說：「世尊！如您曾經說過：『有於諸法相善巧菩薩。』於諸法相善巧菩薩，究竟怎樣才算於諸法相善巧呢？佛是以何標準來安立他是於諸法相善巧菩薩呢？」

當時，佛陀告訴德本菩薩說：「問得很好！德本！你今天能提出這樣深奧的問題來；我知道，你是為了利益安樂無量眾生、哀愍世間的眾生及天人、阿修羅等而發問的。你現在要專心聆聽，我會為你宣說諸法相的意義。

謂諸法相略有三種，何等為三？一者、遍計所執相；二者、依他起相；三者、圓成實相。云何諸法遍計所執相？謂一切法名假安立自性差別，乃至為令隨起言說。云何諸法依他起相？謂一切法緣生自性，則此有故彼有，此生故彼生，謂無明緣行，乃至招集純大苦蘊。云何諸法圓成實相？謂一切法平等真如。於此真如，諸菩薩眾勇猛精進為因緣故，如理作意，無倒思惟為因緣故，

所謂一切事物樣態有三種，哪三種呢？其一是**遍計所執相，意識處處計較所虛構的實體存在樣態**；其二是**依他起相，依據因緣條件流轉的生命樣態；其三是圓成實相，圓滿成就的存在實態**。什麼是**諸法遍計所執相？這是說一切存在現象都是假借語言名稱成立的，在語言名稱稱謂的一切事物上，用意識虛構出實體來**。什麼是諸法依他起相？這是說一切存在現象都隨順著『此有故彼有、此無故彼無』的緣起法環環相扣地生起、運作、相續，如果有了此事物，那麼也就有了彼事物，以無明作為條件引發出生命行為來，引發出貯藏生命行為的心識，輾轉下去以致於招致痛苦煩惱的現實生命。什麼是圓成實相？這是指一切法染淨法中的平等真

乃能通達。於此通達，漸漸修集，乃至無上正等菩提方證圓滿。

善男子！如眩瞖人眼中所有眩瞖過患，遍計所執相當知亦爾。如眩瞖人眩瞖眾相：或髮毛、輪、蜂蠅、巨勝，或復青、黃、赤、白等相差別現前；依他起相當知亦爾。如淨眼人遠離眼中眩瞖過患，即此淨眼

如。在這一切染淨法中的平等真如的基礎上，因為諸菩薩眾們勇猛精進的修行助緣的緣故，漸次精進如理修行，以正念作意而不顛倒的思惟修行作為因緣才能通達。於此所通達的義理，漸漸修集諸地所需之證量，一直到無上正等正覺的菩提果位才能修證圓滿。

善男子！就好像一個眼睛有病變的人看見的視覺圖像有問題，意識處處計較所虛構的實體樣態，你應當知道遍計所執就像是如此。一個眼睛有毛病的人，他的病變眼睛所造成的一些視覺幻相：如看到空中有頭髮、有毛、有旋火輪，或看到蜜蜂、蒼蠅，或是黑芝麻，有時看到青色的樹、黃色的稻子、紅色的太陽、白色的衣服等，種種境相的差別現前

本性所行無亂境界；圓成實相當知亦爾。

善男子！譬如清淨頗胝迦寶，若與青染色合，則似帝青、大青、末尼寶像；由邪執取帝青、大青、末尼寶故，惑亂有情。

都執著以為是真實的；你應當知道，依據因緣條件流轉的生命樣態，情形正與此相同。**如同一個有清淨眼的人，眼睛得到治療，眼病好了，就是淨眼本性所能看到沒有擾亂的境界；應當知道圓滿成就諸法的真實體相也是一樣。**

善男子！就好像潔淨的頗胝迦寶，本身是晶瑩剔透的純白水晶，是沒有確定顏色的，如果它與青色染在一起，它顯現出帝青（帝釋桓因的青色寶，從天人立名的）、大青、末尼寶像來（大青是他的大青色，寶末尼寶是如意珠，能如人意的現出種種財寶），於是就邪執取是真的帝青、大青摩尼寶珠，並且拿這個去惑亂有情，說這個就可大富大貴。

如是，德本！如彼清淨頗胝迦上，所有染色相應；依他起相上，遍計所執相言說習氣，當知亦爾。如彼清淨頗胝迦上，所有帝青、大青、琥珀、末羅羯多、金等邪執；依他起相上遍計所執相執，當知亦爾。如彼清淨頗胝迦寶；依他起相，當知亦爾。如彼清淨頗胝迦上，所有帝青、大青、琥珀、末羅羯多、真金等相，於常常時，於恒恒時，無有真實、無自性性，即依他起相上，由遍計所執相，於常常時、於恒恒時，

因此，德本！如染色寶和不同顏色相應，是在依他起相上出現的，遍計所執相來說是習氣，當知也是如此。就像潔淨的染色寶，虛妄地執著認為是青如意珠、琥珀、車渠或黃金；在依他起相上，起遍計所執相執，當知也是如此。就像潔淨的頗胝迦寶，依他起相，當知也是如此。就像潔淨的染色寶，變得像是青如意珠、琥珀、車渠或者黃金的樣子，在恒常與永恆的狀態，體性是無有真實、無自性的，依他起相上，由遍計所執相，在恒常與永恆的狀態，體性是無有真實、無自性的；圓成實相，當知也是如此。

無有真實、無自性性；圓成實相，當知亦爾。

復次，德本！相名相應以為緣故，遍計所執相而可了知；依他起相上，遍計所執相執以為緣故，依他起相而可了知；依他起相上，遍計所執相無執以為緣故，圓成實相而可了知。

善男子！若諸菩薩能於諸法依他起相上，如實了知遍計所執相，即能如實了知一切無

還有，德本啊！**人通常認定名稱概念總是和相應的物件連結在一起的，意識處處計著所虛構的實體存在**，明白這是名相相應執為緣，就能了知遍計所執相；我們認識的依他緣生法，屬能所取相，了知名相相應的遍計所執相執為緣，所以要依以名取相，方可了知依他起相；了知意識處處計較所虛構的實體如幻如化，現見諸法的真實，就可證圓成實；所以依他起相上，遍計所執相沒有執著為緣，圓成實相就可了知。

善男子！**若諸菩薩們能於一切事物的依他起相上，如實了知這是意識處處計較所虛構的實體存在的遍計所執相，就能如實了知一切存在現象沒有實**

相之法；若諸菩薩如實了知依他起相，即能如實了知一切雜染相法；若諸菩薩如實了知圓成實相，即能如實了知一切清淨相法。

善男子！若諸菩薩能於依他起相上，如實了知無相之法，即能斷滅雜染相法；若能斷滅雜染相法，即能證得清淨相法。

如是，德本！由諸菩薩如實了知遍計所執相、依他起相、圓成實相故；如實了知諸無相法、雜染相法、清淨相法；如

體；若諸菩薩們能如實了知依他起相，也就能如實了知一切雜染相法；若諸菩薩如實了知圓成實相，也就能如實了知一切清淨相法。

善男子！若諸菩薩們能於一切事物的依他起相上，如實了知一切存在現象沒有實體，即能斷滅雜染相法（無相是無，染相是有相，淨相是非有非無相）；若能斷一切雜染相法，就能證得清淨相法了。

就是這樣，德本啊！由於諸菩薩已經如實了知遍計所執相、依他起相、圓成實相；如實了知諸無相法、雜染相法、清淨相法；如實了知一切事物無相，不起遍計執著，就斷一切雜染相法，因為斷

實了知無相法故，斷滅一切雜染相法，斷滅一切染相法故，證得一切清淨相法。齊此名為於諸法相善巧菩薩；如來齊此施設彼為於諸法相善巧菩薩。」

爾時，世尊欲重宣此義，而說頌曰：

「若不了知無相法，雜染相法不能斷；不斷雜染相法故，壞證微妙淨相法。不觀諸行眾過失，放逸過失害眾生；懈怠住法動法中，無有失壞可憐愍。」

滅一切染相法，而證得一切清淨相法了。到了這地步，才夠資格叫做諸法相善巧菩薩；所以，佛才成立一類菩薩，他們就叫做諸法相善巧菩薩。」

這時佛為了重新宣說這個道理，就說了下面這些偈頌：

「如果不能了知什麼是不存在的，那麼就不知如何改造染汙的生命活動；而如果不能消除生命活動中的染汙成分，那也就不可能使生命淨化。不修學正觀諸行的過失，縱逸過失對人是無益的；懈怠於流轉的依他起法中，這是非常值得憐憫的。」

無自性相品第五

為何依他起相是有漏有為法，
不是清淨所緣的境界，
還是要攝歸於阿賴耶識本來寂靜的自性？

【釋題】

此品明一切諸法皆無自性。所有現象、生命、生活，都沒有本質，是三性所起，沒有固定不變的本質，但自性卻是無生無滅、本來寂靜、自性涅槃。由於遍計所執，所以相無性；一切依他起，所以生無性；勝義來自依他起性及遍計名相，所以勝義無性。佛依如是三種無自性性密意，說言一切諸法皆無自性，因此命名為〈無自性相品〉。

【要義】

說相無性、生無性、勝義無性等三種無自性，明三性三無性相依的妙理。三種無自性，其中遍計所執性相是依假名安立，即相無性。依他起相是依眾緣所生，即生無性。圓成實相是一切法的勝義諦，為一切法無我性所顯，即是勝義無性。由此和會一乘、五性之說，謂聲聞、獨覺、菩薩三乘有情，都由此無自性性一妙清淨道，證得無上涅槃，由此密意說「唯有一乘」，但其中也有鈍根、中根、利根等種性的差別，因此世尊說法，有三時不同。

爾時，世尊告勝義生菩薩曰：「善哉，善哉！勝義生！汝所尋思，甚為如理。善哉，善哉！善男子！汝今乃能請問如來如是深義，汝今為欲利益安樂無量眾生，哀愍世間、及諸天、人、阿素洛等，為令獲得義利安樂故，發斯問。汝應諦聽，吾當為汝解釋所說『一切諸法皆無自性、無生、無滅、本來寂靜、自性涅槃所有密意。』

勝義生！當知我依三種無

當時，佛陀告訴勝義生菩薩說：「很好，很好！勝義生！你思索的問題，非常有道理。很好，很好！善男子！你今天能請問如來這樣的深義，你是為了利益安樂無量無數的眾生生命，慈悲垂憫天、人、阿修羅等各類生命，為了令他們獲得義利安樂，你才提出這個問題。你應當專心聆聽，我會為你解釋『一切事物皆無自性、無生、無滅、本來寂靜、自性涅槃所有隱密意蘊。』

勝義生！應當知道**一切諸法不出遍計、依他、**

自性性密意，說言一切諸法皆無自性，所謂相無自性性、生無自性性、勝義無自性性。

善男子！云何諸法相無自性性？謂諸法遍計所執相。何以故？此由假名安立為相，非由自相安立為相，是故說名相無自性性。云何諸法生無自性性？謂諸法依他起相。何以故？此由依他緣力故有，非自然有，是故說名生無自性性。

云何諸法勝義無自性性？謂諸法由生無自性性故，說名

圓成的三性，就在三性上建立三無性，依三無性，說一切法皆無自性。所謂相無自性性、生無自性性、勝義無自性性。

善男子！什麼叫做諸法相無自性性呢？這是在遍計所執相上建立的。為什麼呢？這是由假名所安立的相，不是由自相所安立的相，所以是相無自性性。什麼叫做諸法生無自性性？這是在依他起相上建立的。為什麼呢？這是依他因緣之力而存在，並非自然無因而生，亦非以自然為因而生（無性），因此說這是無自性性。

什麼是諸法勝義無自性性？這是在諸法相無自性性上建立的，因此說這是無自性性；即緣生法由

無自性性；即緣生法，亦名勝義無自性性。何以故？於諸法中，若是清淨所緣境界，我顯示彼以為勝義無自性性，依他起相非是清淨所緣境界，是故亦說名為勝義無自性性。復有諸法圓成實相，亦名勝義無自性性。何以故？一切諸法法無我性名為勝義，亦得名為無自性性，是一切法勝義諦故，無自性性之所顯故。由此因緣，名為勝義無自性性。

此因緣名為勝義無自性性。為什麼呢？一切諸法，若是清淨所緣境界，是一切法勝義諦，無自性性之所顯故，**因緣生他是染污性，不是清淨所緣境界，而且依他起相雖然是有漏有為法，不是清淨所緣的境界，但是依他起諸法是生滅無常，所以依他起的諸法，還是要攝歸於阿賴耶識本來寂靜的自性，**因此也說為勝義無自性性。又有諸法圓成實相，也是勝義無自性性。為什麼呢？因為一切諸法之法無我性（諸法緣生，實無自性實體），稱為勝義（第一義），亦可稱為無自性（無實有之自體），是一切諸法中之深妙無上之真理故（勝義），是遠離常住之實我相、不變之實法相所顯現之真理（無性）。由於這個因緣，說這是勝義無自性性。

善男子！譬如空花，相無自性性，當知亦爾。譬如幻像，生無自性性，當知亦爾；一分勝義無自性性，當知亦爾。譬如虛空，惟是眾色無性所顯，遍一切處；一分勝義無自性性，當知亦爾，法無我性之所顯故，遍一切故。

善男子！我依如是三種無自性性，密意說言：『一切諸法皆無自性。』

勝義生！當知，我依相無

善男子！譬如空花（比喻世間諸法）沒有這種東西的存在，所以相無自性性當知也是如此。比喻譬如幻像沒有他的實體，就是生無自性性，雖然他是緣生法，卻是一分勝義無自性性，當知也是如此。**譬如虛空，是很多種顏色所成的，就是也是無性的，離了無性的眾色必須具有遍有一切處的特性；**一分勝義無自性性，應當知道也是如此，**只要這個地方沒有東西，必然就會呈現虛空出來，虛空是遍一切處的**。

善男子！我依三種無自性性，說出隱密意蘊：

『一切諸法皆無自性。』

勝義生！你應當知道，我是根據意識之外虛構

自性性，密意說言：『一切諸法無生、無滅、本來寂靜、自性涅槃。』何以故？若法自相都無所有，則無有生；若無有生，則無有滅；若無生無滅，則本來寂靜；若本來寂靜，則自性涅槃。於中都無少分所有更可令其般涅槃故。是故我依相無自性性，密意說言：『一切諸法無生、無滅、本來寂靜、自性涅槃。』

彼雖如是種諸善根，乃至積集福德、智慧二種資糧；然

實體不存在的存在本性這一隱密意蘊來陳說：『一切事物無生、無滅、本來寂靜、自性涅槃。』為什麼呢？**如果一切現象的實體都不存在，那麼也就沒有某種現象的產生了；如果沒有了產生，自然也就沒有消亡；若無生無滅，則本來寂靜；若本來寂靜，則自性涅槃**。本來就是寂滅相，因為在此遍計所執法中根本沒有一點東西，完全沒有這個諸法的行相更可令其般涅槃。因此我依相無自性性，說出隱密意蘊：『一切諸法無生、無滅、本來寂靜、自性涅槃。』

雖然如此種諸善根，以至積集福德、智慧二種資糧；在生無自性性中，不能如實徹底了知相無

於生無自性性中，未能如實了知相無自性性及二種勝義無自性性。於一切行未能正厭、未正離欲，未正解脫，未遍解脫煩惱雜染、未遍解脫諸業雜染、未遍解脫諸生雜染。如來為彼更說法要，謂相無自性性及勝義無自性性。為欲令其於一切行能正厭故、正離欲故、正解脫故，超過一切煩惱雜染故、超過一切業雜染故、超過一切生雜染故。

彼聞如是所說法已，於生

自性性及依、圓的二種勝義無自性性。於一切無常無恒的緣生諸行，未能正式的厭離，未能獲得真正的解脫，未能遍得解脫煩惱、業、生的三雜染。如來所以說相、勝義二無自性性，為的是令未正厭離的能正厭離，未正離欲的能正離欲，未正解脫的能正解脫，未遍得解脫三雜染的能究竟的超過一切煩惱、業、生的三雜染。

聽了佛說這樣的法後，**對相、勝義的二種無自**

無自性性中，能正信解相無自性性及勝義無自性性，簡擇思惟，如實通達；於依他起自性中，能不執著遍計所執自性相。由言說不熏習智故、由言說不隨覺智故、由言說離隨眠智故，能滅依他起相；於現法中智力所持，能永斷滅當來世因。由此因緣，於一切行能正厭患、能正離欲、能正解脫，能遍解脫煩惱、業、生三種雜染。

復次，勝義生！諸聲聞乘種性有情，亦由此道此行迹故，

性性，能夠生起正確的信解，而如理地揀擇思惟，如實地了知通達；於依他起自性上，了知行相如幻，就不生起遍計所執自性了。言說不起，遍計熏習就沒有，名言上不起隨覺，離言說隨眠（阿賴耶識中心心法種子無現行言說名及思惟名）。**由言說不熏習智，說不隨覺智、由言說離隨眠智，能滅依他起相**；在現生的依他法中，由智慧力的任持，能永斷未來世的遍計執種的因性。由此因緣，於一切無恒無常的緣生諸行法上，能正厭患、離欲、解脫，也能遍得解脫煩惱、業、生的三種雜染。

還有，勝義生！諸聲聞乘的種性有情，也是由這一大道、這一行跡，諸獨覺乘的種姓有情，諸

證得無上安隱涅槃。諸獨覺乘種性有情、諸如來乘種性有情，亦由此道此行迹故，證得無上安隱涅槃。一切聲聞、獨覺、菩薩，皆共此一妙清淨道，皆同此一究竟清淨，更無第二。我依此故，密意說言：『唯有一乘。』非於一切有情界中，無有種種有情種性，或鈍根性、或中根性、或利根性有情差別。

善男子！若一向趣寂聲聞種性補特伽羅，雖蒙諸佛施設種種勇猛加行方便化導，終不

如來乘的種姓有情，都是由這一大道、這一行跡，以證得無上安隱的寂靜涅槃的。**一切聲聞、獨覺、菩薩，走的是同樣一條清淨道路，因而所到達的目的，也同此一究竟清淨，更無第二清淨大道**。所以佛就依據法無我性的密意，說：『**唯有一乘**。』並不是說一切有情界中，修行的有情，沒有種種的有情種姓，如鈍根的種性，中根的種性，利根的種性差別。

善男子！若有一心向趣寂（謂二乘人趣向於寂滅的涅槃）聲聞種姓的補特伽羅，後來雖蒙諸佛菩薩利用種種方便感化教導他，但結果終不能使他坐

能令當坐道場證得阿耨多羅三藐三菩提。何以故？由彼本來唯有下劣種性故、一向慈悲薄弱故、一向怖畏眾苦故。由彼一向慈悲薄弱，是故一向棄背利益諸眾生事；由彼一向怖畏眾苦，是故一向棄背發起諸行所作。我終不說一向棄背利益眾生事者、一向棄背發起諸行所作者，當坐道場，能得阿耨多羅三藐三菩提，是故說彼名為一向趣寂聲聞。若迴向菩提聲聞種性補特伽羅，我亦異門

於道場，證得無上正等正覺。這是為什麼呢？這因他們本來只有下劣的種性，一向就是慈悲薄弱、怖畏眾苦的。趣寂（謂二乘人趣向於寂滅的涅槃）的聲聞種姓，由於一向慈悲薄弱的關係，一向棄背利益眾生的事業；由於一向怖畏眾苦的關係，對於發起大心，一向棄背作一切利益眾生的加行。因此我始終不會說一向棄背利益眾生事者、一向棄背發起諸行所作者，當能來坐道場，能得無上正等正覺，所以佛說他們叫做一向趣寂的聲聞種性。善男子！**若有一類迴向菩提的聲聞種性補特伽羅，我也會以另一種的方式，說他是菩薩**。為什麼呢？這因他們在證羅漢時，既已解脫了煩惱障，現得佛菩薩為他的增上緣令他覺悟，他對未曾斷的所知障，也就

說為菩薩。何以故？彼既解脫煩惱障已，若蒙諸佛等覺悟時，於所知障，其心亦可當得解脫。由彼最初為自利益，修行加行脫煩惱障，是故如來施設彼為聲聞種性。

復次，勝義生！如是於我善說善制法毘奈耶，最極清淨意樂所說善教法中，諸有情類意解種種差別可得。善男子！如來但依如是三種無自性性，由深密意，於所宣說不了義經，以隱密相說諸法要，謂一切法

可以得到解脫。因他在最初時，為求自己利益，勤修種種加行脫離煩惱障，如來才施設他叫做聲聞種姓。

還有，勝義生！善說善制法毗奈耶（善說，佛所說法，不特文義巧妙，能持勝德，合乎道理，所以是善說法。佛所制戒，不是隨便的制立條文，而是人類所應當學習的所在，所以說是善制。法，如法合理、順乎道德律的。毗奈耶，調伏或滅）所以是最極清淨的意樂，根性不同的有情，由昔熏習的不同，各各生起差別不同的意解。善男子！你當知

皆無自性、無生、無滅、本來寂靜、自性涅槃。

復次，勝義生！非由有情界中諸有情類，別觀遍計所執自性為自性故，亦非由彼別觀依他起自性及圓成實自性為自性故，我立三種無自性性；然由有情於依他起自性及圓成實自性上，增益遍計所執自性故，我立三種無自性性。

道我在般若會上說諸法無性，是但依於相、生、勝義的三種無自性性，由甚深的秘密意趣，宣說不了義的般若經，而這不了義經，是以隱密相說的諸法法要，所以我說**一切諸法皆無自性**、**無生**、**無滅**、**本來寂靜**、**自性涅槃**。

還有，勝義生！非因為有情界中諸有情類，各別觀待遍計所執自性為自性，也非因為他們各別觀待依他起自性及圓成實自性為自性，我立三種無自性性；是由諸有情類在依他生死、圓成涅槃上，起顛倒的錯誤執著，成為增益的遍計執，我立三種無自性性。

由遍計所執自性相故，彼諸有情於依他起自性及圓成實自性中，隨起言說。如如隨起言說如是如是，由言說熏習心故、由言說隨覺故、由言說隨眠故，於依他起自性及圓成實自性中，執著遍計所執自性相。

如如執著如是如是，於依他起自性及圓成實自性上，執

由於遍計所執自性相，那些諸有情於依他起自性及圓成實自性中，隨起言說。由於如是隨起種種的言說，如是知見如是言說，成就了三種因：**由言說熏習心**（由於言說的內容與習性相應，言說薰習染污心，種子起現行）、**由言說隨覺**（謂善言說天人）、**由言說隨眠**（謂不善言說嬰兒等類，乃至昆蟲螞蟻等，不但不能發言，就是見聞到的一切，也不能認識清楚，然因含有名義性的遍計所執關係，仍是有言說）**一切眾生有言說熏習**、**隨覺**、**隨眠**，所以於依他起自性及圓成實自性中，執著遍計所執自性相。

以上這種執著的因緣，於依他起自性及圓成實自性上，執著遍計所執自性；由此因緣，眾生有的

著遍計所執自性；由是因緣，生當來世依他起自性；由此因緣，或為煩惱雜染所染、或為業雜染所染、或為生雜染所染，於生死中長時馳騁、長時流轉，無有休息，或在那落迦、或在傍生、或在餓鬼、或在天上、或在阿素洛、或在人中，受諸苦惱。

於是經中，若諸有情已種上品善根、已清淨諸障、已成熟相續、已多修勝解，已能積集上品福德、智慧資糧，彼若聽聞如是法已，於我甚深密意言

為煩惱雜染所染、有的為業雜染所染、有的為生雜染所染，所以就在生死苦海中，如狂馬似的長時馳騁、長時流轉，沒有片刻的休息，有的在那落迦（地獄）、或在傍生（畜生，譯為傍生是以他的行相而得名的）、或在餓鬼、或在天上、或在阿修羅、或在人類，受諸苦惱。

於是經中，若諸有情已種上品善根，已清淨諸障，已成熟相續，已多修勝解，已能積集上品福德智慧資糧，聽了甚深般若的善教法後，對於佛的甚深密意言說，能如實理解了知，對於甚深的教法，也就生起極深刻的信解，對於三無性的意義，也能

說，如實解了，於如是法，深生信解，於如是義，以無倒慧，如實通達。依此通達善修習故，速疾能證最極究竟；亦於我所深生淨信，知是如來、應、正等覺於一切法現正等覺。」

「世尊！譬如毘濕縛藥，一切散藥、仙藥方中，皆應安處。如是，世尊！依此諸法皆無自性、無生、無滅、本來寂靜、自性涅槃，無自性性了義言教，遍於一切不了義經，皆應安處。

以無倒的智慧，如實通達認識。於三無性義通達後，又入修道位中，善加修習，重行觀察，所以就速疾能夠證得最極究竟的無上佛果，入於究竟位；也生起極深刻的清淨信心，認為如來是應正等覺者（如來、應供、正等覺，是佛十種德號的三種），於一切法，已直接瞭解圓滿通達的了。」

「世尊！譬如毗濕縛藥（印度的一種藥名），一切散藥（以藥草磨成細末的藥）仙藥（靈丹、仙丹一類的藥）散藥、仙藥都可治病，若在此諸藥中，再放一些毗濕縛藥，其功效就更大且靈驗了。世尊！依此諸法皆無自性、無生、無滅、本來寂靜、自性涅槃，無自性性的了義言教，遍於一切不了義經中，皆應安然接受。

世尊！如彩畫地，遍於一切彩畫事業皆同一味，或青、或黃、或赤、或白，復能顯發彩畫事業。如是，世尊！依此諸法皆無自性廣說乃至自性涅槃，無自性性了義言教，遍於一切不了義經，皆同一味，復能顯發彼諸經中所不了義。

世尊！譬如一切成熟珍羞諸餅果內，投之熟酥，更生勝味。如是，世尊！依此諸法皆無自性，廣說乃至自性涅槃，無自性性了義言教，置於一切不了義經，生勝歡喜。

世尊！如彩畫地（布或紙的本質，用來比喻了義經），遍於一切彩畫事業（用來比喻不了義經）皆同一味，就是青、黃、紅、白、黑五彩畫成的彩畫。像這樣，世尊！依此諸法皆無自性廣說一直到自性涅槃，**無自性性了義言教，遍於一切不了義經，皆同一味，又能顯發各經中所不了義**。

世尊！譬如一切成熟珍羞諸餅果內（珍餅，是山珍海味一類的美妙飲食，餅果，是麵食做成的麻餅糖果之類。用來比喻不了義）珍饈的果品，口味雖很鮮美，但如在上面再投一點熟酥（用來比喻了義），那就一定會更生殊勝的鮮味了。像這樣，世尊！依此諸法皆無自性，廣說一直到自性涅槃，無

世尊！譬如虛空遍一切處，皆同一味，不障一切所作事業。如是，世尊！依此諸法皆無自性廣說乃至自性涅槃，無自性性了義言教，遍於一切不了義經，皆同一味，不障一切聲聞、獨覺及諸大乘所修事業。」

自性性了義言教，遍於一切不了義經，皆同一味，能顯發各經中所不了義，就會生起勝歡喜了。

世尊！譬如虛空（喻了義教）是遍一切處皆同一味的，其中一切作業（喻不了義教）的活動，都是無障無礙的。像這樣，世尊！依此諸法皆無自性，廣說一直到自性涅槃，無自性性了義言教，遍於一切不了義經，皆同一味，三乘是同以法無我而獲解脫的，所以不阻礙一切聲聞、獨覺及諸大乘所修事業。」

第03卷

分別瑜伽品第六

利根性的眾生，是依法得止觀；
還是不依法得止觀，信他人所說的去修行證果呢？

【釋題】

瑜伽，是梵語的音譯，是相應或契合的意思。重境隨心轉的相應理。本品說明修瑜伽行中奢摩他（止）、毗缽舍那（觀）的義相，顯示唯識止觀的妙行，證明諸法唯識所變，而分別其定慧行相，故名為「分別瑜伽品」。

【要義】

佛陀為慈氏菩薩開示瑜伽止觀。先前講修三無自性，觀一切法相空，回到勝義諦相，在這裡提出實際的修學就是要修瑜伽行，瑜伽就是相應，也就是說在修學的過程當中讓我們的心跟真理達到相應契證的境界。本品主要講瑜伽止觀修行，因此在經中非常重視瑜伽止觀的修行，認為其可以統攝一切三摩地。並且對修習止觀的依住、所緣境事、操作方法乃至所破之障等都有詳細的介紹。

由廣辨止觀相，共有十八門：①分別止觀依住門 ②止觀所緣差別門 ③分別能求止觀門④隨順止觀作意門⑤止觀二道同異門⑥分別止觀唯識門⑦修習止觀單複門⑧止觀種數差別門⑨依不依法止觀門⑩尋伺等差別門⑪止舉捨相差別門⑫知法知義差別門⑬止觀能攝諸定門⑭止觀因果作業門⑮止觀治障差別門⑯止觀能證菩提門⑰引發廣大威德門⑱於無餘依滅受門。最後再結歎勸學：①讚歎當機者慈氏菩薩的請問有益②顯示三世諸佛同說此義③結勸修學。

爾時慈氏菩薩摩訶薩白佛言：「世尊！菩薩何依何住，於大乘中修奢摩他、毘鉢舍那？」

佛告慈氏菩薩曰：「善男子！當知菩薩法假安立，及不捨阿耨多羅三藐三菩提願，為依、為住，於大乘中修奢摩他、毘鉢舍那。」

慈氏菩薩復白佛言：「如世尊說四種所緣境事：一者、有分別影像所緣境事；二者、

當時，彌勒大菩薩稟告佛陀說：「世尊！菩薩以何為依、以何為住的在大乘軌道中去修奢摩他（奢摩他是梵語，譯為**止**，是止息寂靜的意思）、毗鉢舍那（毗鉢舍那，此譯為**觀**，是審諦觀察的意思）呢？」

佛陀告訴彌勒菩薩說：「善男子！應當知道**菩薩把一切存在現象都是假借語言概念成立的，以及奮勉不懈證得無上正等正覺菩提大願作為依據，作為修行生活的歸宿所在**，於大乘中修奢摩他、毘鉢舍那。」

彌勒菩薩又稟告佛陀說：「止觀是能緣。能緣，必有所緣的境事。止觀所緣的境事，如世尊您曾說過四種：一是用分別所得來的同分影像所緣的

無分別影像所緣境事；三者、事邊際所緣境事；四者、所作成辦所緣境事。於此四中，幾是奢摩他所緣境事？幾是毘鉢舍那所緣境事？幾是俱所緣境事？」

佛告慈氏菩薩曰：「善男子！一是奢摩他所緣境事，謂無分別影像；一是毘鉢舍那所緣境事，謂有分別影像；二是俱所緣境事，謂事邊際、所作

境事；二是對於如前所取的影像相不再加以觀察揀擇後所緣的境事；三是遍一切事的盡所有性與遍真實事的如所有性所緣的境事；四是對止與觀的修習圓滿，於有分別或無分別影像所緣境事，所有作意都能夠圓滿成就所緣的境事。請問在上述四種認識對象、認識境界中，哪些是心念相續的思維活動之認識對象，哪些是奢摩他（止）所緣境事？幾是毘鉢舍那（觀）所緣境事？幾是俱所緣境事？」

佛陀告訴彌勒菩薩說：「善男子！一是修止所緣的境事，為無分別影像；一是修觀所緣境事，為有分別影像；另外二種所緣境事是修止修觀同所緣，所謂事邊際（見道以後，得無生法忍以後的所緣境）和所作成辦（無學道的時候，到最後成功了

成辦。」

慈氏菩薩復白佛言：「世尊！云何菩薩依是四種奢摩他、毘鉢舍那所緣境事，能求奢摩他、能善毘鉢舍那？」

佛告慈氏菩薩曰：「善男子！如我為諸菩薩所說法假安立，所謂契經、應誦、記別、

的時候，那個時候的所緣境），約三乘佛法來說，就是阿羅漢、辟支佛、和佛的境界，當然最圓滿就是佛了，這個所緣境。能觀所觀如如同一所緣。事邊際所緣境事逐漸成熟相續，所作成辦（無學道的時候，到最後成功了的時候，那個時候的所緣境），念念皆是圓成實相，即止即觀。」

彌勒菩薩又稟告佛陀說：「世尊！什麼是菩薩依是四種奢摩他、毘鉢舍那所緣境事，能求奢摩他、能善毘鉢舍那？」

佛陀告訴彌勒菩薩說：「善男子！像我為諸菩薩所說法假安立，這就是契經、應頌、記別、諷誦、自說、因緣、譬喻、本事、本生、方廣、希法以及

諷誦、自說、因緣、譬喻、本事、本生、方廣、希法、論議。菩薩於此善聽、善受、言善通利、意善尋思、見善通達，即於如所善思惟法，獨處空閑作意思惟。復即於此能思惟心，內心相續，作意思惟。如是正行多安住故，起身輕安及心輕安，是名奢摩他。如是菩薩，能求奢摩他。彼由獲得身心輕安為所依故，即於如所善思惟法，內三摩地所行影像，觀察勝解捨離心相。即於如是三摩

論議。菩薩於此善聽、善受、言善通利、意善尋思、見善通達，善做思惟，獨自遠離喧鬧。又於此能思惟心，由於專注一意，念念都在觀色無常，內心相續，作意思惟。如此正行一次又一次，多安住，起身輕快安適合，這就叫做奢摩他（修止）。**這樣身心輕安，菩薩修止到此程度，叫做修止而能求止。修行者因為獲得身心輕安之後，依於此三摩地的緣故，於是捨離了其他外境所緣的心相。**對於所聽聞的法義善加思惟，**並對於內心所現的影像，善加觀察直至獲得殊勝定解捨離心相。**也就是說，對於這些殊勝三摩地所行影像的所知義當中，能正思擇、最極思擇、周遍尋思、周遍伺察（四種毗鉢舍那），如果能夠安忍、好樂、分別、辨析、觀察就叫作毘

地影像所知義中，能正思擇、最極思擇，周遍尋思、周遍伺察，若忍、若樂、若慧、若見、若觀，是名毘鉢舍那。如是菩薩，能善毘鉢舍那。」

慈氏菩薩復白佛言：「世尊！諸毘鉢舍那三摩地所行影像，彼與此心，當言有異？當言無異？」

佛告慈氏菩薩曰：「善男子！當言無異。何以故？由彼

缽舍那。如果照著上面所說去修持，菩薩就能夠善巧毘鉢舍那。」

慈氏菩薩又對佛說：「世尊！毗缽舍那三摩地的所行影像（一指毗缽舍那所變的親所緣境為影像，由此影像為三摩地所攝持，所以叫做三摩地所行影像；一指三摩地俱所行的影像，以此影像與三摩地俱相應的），與毗缽舍那的能緣心體，應當說他是有差異呢？還是說他沒有差異呢？」

佛陀告訴彌勒菩薩說：「善男子！應當說他是沒有差別的。為什麼呢？因彼毗缽舍那所緣三摩

影像唯是識故。善男子！我說識所緣，唯識所現故。」

「世尊！若彼所行影像，即與此心無有異者，云何此心還見此心？」

「善男子！此中無有少法能見少法；然即此心如是生時，即有如是影像顯現。善男子！如依善瑩清淨鏡面，以質為緣還見本質，而謂我今見於影像，及謂離質別有所行影像

地所行的影像，不是外在的實境而是唯是識所變現的。善男子！當知我說**識所緣的唯是識所變現的，所分別的境，是依識而現的。**」

慈氏菩薩接著就又產生這樣的問題：「世尊！若三摩地中所行的影像與此能緣的心無有別異，那就不應當有能所的差別，為什麼此心還能緣取此心呢？」

佛陀告訴彌勒菩薩說：「善男子！**不是一法才不能取，不論什麼法，不管是一是異，都是不能取的**。無有少法能夠緣取少法的；雖無能取心所取境，然當這能緣心生時，卻就有那所取的影像顯現。善男子！如依自己的面目等本質為緣，**於清淨無垢的鏡中，還見自己面目的本質，不明白的人以**

顯現。如是此心生時，相似有異三摩地所行影像顯現。」

「世尊！若諸有情自性而住，緣色等心所行影像，彼與此心亦無異耶？」

「善男子！亦無有異！而諸愚夫由顛倒覺，於諸影像，不能如實知唯是識，作顛倒解。」

為我今見到影像了，並且以為這是離開自己面目的本質，別有一個所見的影像顯現。有情的虛妄分別心也是這樣，當他如是生起的時候，就自然的現起所取的相，並且還似乎有異於三摩地所見的影像顯現。」

「世尊！若諸有情不由自性住心（此心通指前六識及第八識，一說此心唯指前五識）所緣的色等諸影像境，與此能緣的心，是不是也沒有差別呢？」

「善男子！**散心位上的能緣心與所緣境，也是沒有別異的**。由於一切愚癡凡夫顛倒錯誤的認識，所以對於緣色等心自所變似的諸影像境，**不能如實了知是唯識所現，這才作種種顛倒的理解**。」

慈氏菩薩復白佛言：「世尊！齊何當言菩薩一向修毘鉢舍那？」

佛告慈氏菩薩曰：「善男子！若相續作意唯思惟心相。」

「世尊！齊何當言菩薩一向修奢摩他？」

「善男子！若相續作意唯思惟無間心。」

「世尊！齊何當言菩薩奢

慈氏菩薩又請教佛：「世尊！齊於（齊何，是分齊的意思）怎樣所緣的境界，方可說是菩薩一向修毗鉢舍那（三摩地中有兩品的修法，一品是毗鉢舍那的修法，一品是奢摩他的修法）？」

佛為慈氏解答說：「善男子！修觀的行者，若於定心所攝的相續作意，唯思惟他的有分別影像——心相，就叫做一向修毗鉢舍那。」

「世尊！齊於怎樣所緣的境界，方可說是菩薩一向修奢摩他？」

「善男子！修觀的行者，若於定心相攝的相續作意，唯思惟他的無分別影像—無間心，就叫做菩薩一向修奢摩他。」

「世尊！齊於（齊何，是分齊的意思）怎樣所

摩他、毘鉢舍那和合俱轉？」

「善男子！若正思惟心一境性。」

「世尊！云何心相？」

「善男子！謂三摩地所行有分別影像，毘鉢舍那所緣。」

「世尊！云何無間心？」

「善男子！謂緣彼影像心，奢摩他所緣。」

緣的境界，方可說是菩薩奢摩他、毘鉢舍那和合俱轉（兩法以上，互相隨順、互相涉入，是和合；同時生起，是俱轉）？」

「善男子！修止觀的行者若能夠正確的思惟（能正思擇、最極思擇、周遍尋思、周遍伺察的四相），就名奢摩他、毗鉢舍那和合俱轉。」

「世尊！甚麼是心相？」

「善男子！三摩地所行有分別影像所緣的境界，毘鉢舍那所緣。」

「世尊！甚麼是無間心？」

「善男子！緣彼所知事同分三摩地所行的影像心，是無分別的，不同觀所緣的有分別，奢摩他所緣。」

「世尊！云何心一境性？」

「善男子！謂通達三摩地所行影像，唯是其識；或通達此已，復思惟如性。」

慈氏菩薩復白佛言：「世尊！毘鉢舍那凡有幾種？」

佛告慈氏菩薩曰：「善男子！略有三種：一者、有相毘鉢舍那；二者、尋求毘鉢舍那；三者、伺察毘鉢舍那。云何有相毘鉢舍那？謂純思惟三摩地所行有分別影像毘鉢舍

「世尊！什麼是心一境性？」

「善男子！依這三摩地的定心，思惟定中所知的影像，了知此所認識的影像，唯是其識而無實有的外境；通達這深刻的認識後，再進一步的去思惟如性。」

慈氏菩薩又請教佛：「世尊！毘鉢舍那凡有幾種？」

佛為慈氏解答說：「善男子！略有三種：一者、**有相毘鉢舍那**；二者、**尋求毘鉢舍那**；三者、**伺察毘鉢舍那**。什麼是相毘鉢舍那？就是純粹的唯一的以四種所緣境事中的有分別影像為所緣境。二者尋求毗鉢舍那，修此觀者，以聞思修的三慧，將尚未徹底了解的一切法，作意觀察，審諦思惟，所

那。云何尋求毘鉢舍那？謂由慧故，遍於彼彼未善解了一切法中，為善了故，作意思惟毘鉢舍那。云何伺察毘鉢舍那？謂由慧故，遍於彼彼已善解了一切法中，為善證得極解脫故，作意思惟毘鉢舍那。」

慈氏菩薩復白佛言：「世尊！是奢摩他凡有幾種？」

佛告慈氏菩薩曰：「善男子！即由隨彼無間心故，當知此中亦有三種。復有八種，謂初靜慮乃至非想非非想處，各

以名為尋求毗鉢舍那。什麼是**伺察毘鉢舍那**？修此觀者，以修所成慧，為了對於已經徹底了解的一切法圓滿證得究竟解脫而作意觀察審諦思惟，**由於作意思惟的能力，解決蒙蔽真理的惑障，便能善巧而得解脫了。這是觀行中最深最後的一層，行者不能修到此層，是絕對不能獲得解脫的。**」

慈氏菩薩又請教佛：「世尊！是奢摩他凡有幾種？」

佛為慈氏解答說：「善男子！**如果內心相續的一直沒有間斷，就名無間心**。此中三種奢摩他，是隨前說的三種毗鉢舍那而有的。又有八種，就是初靜慮一直到非想非非想處，各有一種奢摩他。又有

有一種奢摩他故。復有四種，謂慈、悲、喜、捨四無量中，各有一種奢摩他故。」

慈氏菩薩復白佛言：「世尊！如說依法奢摩他、毘鉢舍那，復說不依法奢摩他、毘鉢舍那。云何名依法奢摩他、毘鉢舍那？云何復名不依法奢摩他、毘鉢舍那？」

佛告慈氏菩薩曰：「善男子！若諸菩薩隨先所受所思法相，而於其義得奢摩他、毘鉢舍那，名依法奢摩他、毘鉢舍

四種，就是慈、悲、喜、捨四無量心中，各有一種奢摩他。」

慈氏菩薩又請教佛：「世尊！為何說依法奢摩他、毘鉢舍那，又說不依法奢摩他、毘鉢舍那。什麼是依法奢摩他、毘鉢舍那？什麼又是不依法奢摩他、毘鉢舍那呢？」

佛為慈氏解答說：「善男子！若修行的諸菩薩，依其修前部慧所受、思慧所思的名、句、文、總、別的五種法相，而於其義得奢摩他、毘鉢舍那，叫做依法奢摩他、毘鉢舍那。**若修行的諸菩薩，不**

那。若諸菩薩不待所受所思法相，但依於他教誡教授，而於其義得奢摩他、毘鉢舍那，謂觀青瘀及膿爛等，或一切行皆是無常、或諸行苦、或一切法皆無有我、或復涅槃畢竟寂靜。如是等類奢摩他、毘鉢舍那，名不依法奢摩他、毘鉢舍那。由依止法得奢摩他、毘鉢舍那，故我施設隨法行菩薩，是利根性；由不依法得奢摩他、毘鉢舍那故，我施設隨信行菩薩，是鈍根性。」

能假借聞慧所受、思慧所思的五種法相修習，而要依於他人的教授教誡，於其教授教誡的義理中得止觀，觀青瘀日漸潰爛成膿等或一切行皆是無常、或諸行苦、或一切法皆無有我、或復涅槃畢竟寂靜。**這些奢摩他、毘鉢舍那，稱為不依法奢摩他、毘鉢舍那**。所以有依法不依法的兩種奢摩他、毗鉢舍那。**由依止法得奢摩他、毘鉢舍那，是隨法行菩薩，這種眾生是利根性的；由不依法得奢摩他、毘鉢舍那，信他人所說的去修行證果，是為隨信行眾生，是隨信行菩薩，這種眾生是鈍根性的。」**

慈氏菩薩復白佛言：「世尊！菩薩齊何名得緣總法奢摩他、毘鉢舍那？」

佛告慈氏菩薩曰：「善男子！由五緣故當知名得：一者、於思惟時，剎那剎那融銷一切麁重所依；二者、離種種想得樂法樂；三者、解了十方無差別相無量法光；四者、所作成滿相應淨分無分別相，恒現在前；五者、為令法身得成滿故，攝受後後轉勝妙因。」

慈氏菩薩又請教佛：「世尊！止觀行者實踐要到怎樣的地位，方可說他獲得總法奢摩他、毗鉢舍那呢？」

佛為慈氏解答說：「善男子！須具備五個條件方可名得：一者、於思惟時，剎那剎那融銷一切粗重所依；二者、離種種想得樂法樂，遠離諸見諸相，就能得樂法樂了；三者、解了十方無差別相無量法光，修習止觀，得無礙慧，能通達十方諸法的平等無差別相，其數無量，得無礙無量的大法光明。四者、所作成滿相應淨分無分別相恒現在前（所作成滿，事成辦，望於當來所得的佛果）；五者、所作成滿，能為圓成後後法身的殊勝因，這前前攝受後後的因，到最後能夠成辦究竟佛果。」

慈氏菩薩復白佛言：「世尊！此緣總法奢摩他、毘鉢舍那，當知從何名為通達？從何名得？」

佛告慈氏菩薩曰：「善男子！從初極喜地名為通達；從第三發光地乃名為得。善男子！初業菩薩亦於是中隨學作意，雖未可歎，不應懈廢。」

慈氏菩薩復白佛言：「世尊！是奢摩他、毘鉢舍那，云何名有尋有伺三摩地？云何名

慈氏菩薩又請教佛：「世尊！要到怎樣的地位，方能正式的通達以及得此總法止觀呢？到什麼境界可稱得呢？」

佛為慈氏解答說：「善男子！從初極喜地至佛果，都可名為通達總法奢摩他、毗鉢舍那；從第三發光地乃至佛果，都可名為得總法奢摩他、毗鉢舍那。善男子！初發心的菩薩，如能於是法中止觀隨順修學作意思惟，雖還不能如地上的通達及得那樣的可稱歎，也很難得，所以不應懈廢。」

慈氏菩薩又請教佛：「世尊！奢摩他、毘鉢舍那，甚麼是有尋有伺三摩地？甚麼是無尋唯伺三摩地？甚麼是無尋無伺三摩地？」

無尋唯伺三摩地？云何名無尋無伺三摩地？」

佛告慈氏菩薩曰：「善男子！於如所取尋伺法相，若有麁顯領受觀察，諸奢摩他、毘鉢舍那，是名有尋有伺三摩地。若於彼相，雖無麁顯領受觀察，而有微細彼光明念領受觀察，諸奢摩他、毘鉢舍那，是名無尋唯伺三摩地。若即於彼一切法相，都無作意領受觀察，諸奢摩他、毘鉢舍那，是名無尋無伺三摩地。」

佛為慈氏解答說：「善男子！如其所取的尋伺法相，看他是粗顯的遠是微細的，**如果是粗顯的止觀，就名有尋有伺三摩地**。如果於所取相，雖然沒有粗顯費心領受觀察，而唯有微細的光明念領受觀察，諸奢摩他、毘鉢舍那，就叫做無尋唯伺的三摩地了。**若一切法相完全無作意領受觀察諸三摩地、毗鉢舍那，是名無尋無伺的三摩地**。」

慈氏菩薩復白佛言：「世尊！修奢摩他、毘鉢舍那諸菩薩眾，知法知義。云何知法？云何知義？」

佛告慈氏菩薩曰：「善男子！彼諸菩薩，由五種相了知於法：一者、知名；二者、知句；三者、知文；四者、知別；五者知總。云何為名？謂於一切染淨法中，所立自性想假施設。云何為句？謂即於彼名聚集中，能隨宣說諸染淨義，依持建立。云何為文？謂即彼

慈氏菩薩又請教佛：「世尊！佛曾說過依法奢摩他、毗鉢舍那諸菩薩眾，知法知義。怎樣能知法？怎樣能知義？」

佛為慈氏解答說：「善男子！諸菩薩先以五相明諸菩薩所了知法（五相，如文經文所列的是名、句、文、別、總）：一者、知名；二者、知句；三者、知文；四者、知別；五者知總。什麼叫做名呢？諸法的自性，實不外雜染的一切法及清淨的一切法。從無名中假安立名，說這是雜染的。什麼叫做句呢？就是在許多名中，把各個獨立的相關的名貫穿聯綴起來，要依於名句集上，方得建立染淨諸義（句為能詮，義為所詮，所以名為建立義）。什

二所依止字。云何於彼各別了知？謂由各別所緣作意。云何於彼總合了知？謂由總合所緣作意。如是一切總略為一，名為知法。如是名為菩薩知法。

善男子！彼諸菩薩，由十種相了知於義：一者、知盡所有性；二者、知如所有性；三者、知能取義；四者、知所取義；五者、知建立義；六者、知受用義；七者、知顛倒義；八者、知無倒義；九者、知雜染義；十者、知清淨義。

麼叫做文呢？文是獨立的單字，由這一一的單字，能為上面的名句之所依止。什麼叫做於彼各別了知？就是為各別所緣作意。什麼叫做於彼總合了知？就是總合所緣作意。如是的修習，即能普遍了知一切法的法性了。這樣就稱為菩薩知法。

善男子！那一切菩薩，由十種相了知義：一是**知盡所有性**。二是**知如所有性**。三是**知能取義**。四是**知所取義**。五是**知建立義**；六是**知受用義**；七是**知顛倒義**；八是**知無倒義**；九是**知雜染義**；十是**知清淨義**。

善男子！盡所有性者，謂諸雜染清淨法中，所有一切品別邊際，是名此中盡所有性。如五數蘊、六數內處、六數外處，如是一切。

如所有性者，謂即一切染淨法中，所有真如，是名此中如所有性。此復七種：一者、流轉真如，謂一切行無先後性；二者、相真如，謂一切法、補特伽羅無我性及法無我性；三者、了別真如，謂一切行唯

善男子！淨法中，盡其所有，謂諸雜染清淨法中，各各又有他的多種差別及其邊際，如以五數蘊（蘊數唯五，名五數蘊，以此五蘊，總攝一切有為諸法）、六數內處（眼、耳、鼻、舌、身、意的內六根）、六數外處（色、聲、香、味、觸、法的外六塵），一切諸法，皆此內外處攝。

盡其所有的一切染淨諸法，各各有他的自性相，就是他的真實相，所以說一切染淨法中的所有真如，稱為此中如所有性。約有七種差別：一、流轉真如，眾生在生死中流轉，要想尋求他的最初從何而來，最後指向何處，其先後性是不可得的，所以說一切行無先後性；二、相真如，指一切法補特伽羅無我性及法無我性。補特伽羅的無實體性說，

是識性；四者、安立真如，謂我所說諸苦聖諦；五者、邪行真如，謂我所說諸集聖諦；六者、清淨真如，謂我所說諸滅聖諦；七者、正行真如，謂我所說諸道聖諦。

名為補特伽羅無我性；以諸法的無實體性說，稱為法無我性；三、了別真如，所了別的外境，不離能了別的識，所以說一切現象唯是識性；四、安立真如，四聖諦本都可以名為安立的，現在所以唯苦獨得安立名者，因他是四聖諦中最初的一諦，我所說諸苦聖諦；五、邪行真如，十不善道的罪業說，實際是包括煩惱的，以一切邪行的產生，無不由煩惱而來，所以說我所說諸集聖諦；六、清淨真如，在這寂滅涅槃界中，沒有生滅的動亂，所以說我所說諸滅聖諦；七、正行真如，是聖者所修的正行，修到圓滿，即得了生死證涅槃了，所以說我所說諸聖道諦。

顛倒義者，謂即於彼能取等義，無常計常，想倒、心倒、見倒。苦計為樂，不淨計淨，無我計我，想倒、心倒、見倒。

無倒義者，與上相違。能對治彼，應知其相。

雜染義者，謂三界中三種雜染：一者、煩惱雜染；二者、業雜染；三者、生雜染。

清淨義者，謂即如是三種雜染，所有離繫菩提分法。

顛倒義就是能取等義上而現起的，無常計著為常，生起常倒，想倒、心倒、見倒，於無常、苦、無我、不淨的四種境上，生起常、樂、我、淨的妄想分別，想倒、心倒、見倒。

無倒是對顛倒說的，所以剛剛與上相違。能對治彼的就是無倒，應當知道能對治法的相貌。

雜染義是指三界中三種雜染：一是煩惱雜染；二是業雜染；三是生雜染。

清淨義是指煩惱、業、生的三雜染，都屬於繫縛法，要想解決繫縛，出離三界，證得解脫，唯有修習菩提分法方有可能，所以稱為離繫菩提分法。」

慈氏菩薩復白佛言：「世尊！修奢摩他、毘鉢舍那諸菩薩眾由何，作意何等？云何除遣諸相？」

佛告慈氏菩薩曰：「善男子！由真如作意，除遣法相及與義相；若於其名及名自性無所得時，亦不觀彼所依之相，如是除遣。如於其名，於句、於文、於一切義，當知亦爾。乃至於界及界自性無所得時，亦不觀彼所依之相，如是除遣。」

慈氏菩薩又請教佛：「世尊！修奢摩他、毘鉢舍那諸菩薩眾，諸作意中由何作意？遣除何等諸相？用何方法遣除諸相？」

佛為慈氏解答說：「善男子！對於自相、共相及真如相，作如法合理的思惟諸法作意，止觀行者所要遣除的諸相，就是法相與義相；一名稱都不過是識上現起的名言相，所以諸名及名自性，都是無所得的，觀彼所依之相，也是無所得的。當知觀句、觀文，觀於一切義，也是如此。菩薩修奢摩他、毗鉢舍那觀於彼界及界自性時，無自性可得的，觀彼所依之相亦不可得，沒有其它的可以遣除，所以說如是遣除。」

「世尊！諸所了知真如義相，此真如相亦可遣不？」

「善男子！於所了知真如義中，都無有相，亦無所得，當何所遣？善男子！我說了知真如義時，能伏一切法義之相，非此了達餘所能伏。」

「世尊！如世尊說，濁水器喻、不淨鏡喻、撓泉池喻，不任觀察自面影相；若堪任者，與上相違。如是若有不善修心，則不堪任如實觀察所有

「世尊！當如理觀察了知這真如義相時，這真如相是不是也可遣除呢？」

「善男子！行者入真觀時，沒有能取所取的相，因此亦有所得，又有什麼可遣？善男子！要知我說一切諸相，是以真如去遣除的，但遣除了諸相後，證得實相真如時，這所證所了知的真如，是沒有相可得的，所以不可再用其它的法來遣此真如。」

「世尊！如世尊說的濁水器喻，器皿中的淨水，本可照面的，但若是混濁不淨的水，那就沒有這個功能了。二、不淨鏡喻，鏡是照面用的，假使上面佈滿了不淨的塵垢，那就失卻這個效能了。三、撓泉池喻，例濁水器喻可知，不能如實觀察諸

真如；若善修心，堪任觀察。此說何等能觀察心？依何真如而作是說？」

「善男子！此說三種能觀察心，謂聞所成能觀察心，若思所成能觀察心，若修所成能觀察心。依了別真如作如是說。」

法真如；如果能觀察自面影相的話，就成清水器喻，淨鏡面喻，澄泉池喻，所以說與上相違。這是喻如果沒有聞思修的三慧，則不能如實觀察諸法真如；如果能觀察自面影相的話，就有力量堪能如實觀察真如之相，如清水等能見自面影相一樣。佛是依於那種能觀察心而作如此說的？又是依於那一種的真如而作如此說的？」

「善男子！在眾多的能觀察心中，我依三種能觀察心，聞所成能觀察心，若思所成能觀察心，若修所成能觀察心。依了別真如而作如此說的。」

「世尊！如是了知法義菩薩為遣諸相勤修加行，有幾種相難可除遣？誰能除遣？」

「善男子！有十種相，空能除遣。何等為十？一者、了知法義故，有種種文字相；此由一切法空，能正除遣。二者、了知安立真如義故，有生、滅、住、異性相續隨轉相；此由相空及無先後空，能正除遣。三者、了知能取義故，有顧戀身相及我慢相；此由內空及無所得空，能正除遣。四者、了知

「世尊！了知法義的菩薩，為了遣除諸相特別精勤修諸加行，有那幾種相最為難可遣除呢？又有什麼能夠遣除他呢？。」

「善男子！難可遣除的相有十種，能夠遣除這十種的是空。哪十種呢？一、因了知法義，文字相，是在染淨諸法上所起的自體；此由一切法空，能正除遣種種的文字相。二、因了知安立真如（四聖諦中的苦聖）義，有生、滅、住、異性相續隨轉相；此由相空及無先後空，即由相空遣除生、滅、住、異相，由無先後空，自性的先後相不可得，名為無先後空，能正除遣。三、了知能取義，有顧戀身相及我慢相，由內空遣除顧戀身相，無所得空遣除我慢相，此由內空及無所得空，能夠正式的遣除他。

所取義故，有顧戀財相；此由外空，能正除遣。五者、了知受用義、男女承事資具相應故，有內安樂相、外淨妙相；此由內外空及本性空，能正除遣。六者、了知建立義故，有無量相；此由大空，能正除遣。七者、了知無色故，有內寂靜解脫相；此由有為空，能正除遣。八者、了知相真如義故，有補特伽羅無我相、法無我相，若唯識相及勝義相；此由畢竟空、無性空、無性自性空及勝

五、了知受用義、男女互為資具相應，承事資具為受用時，就資具而說內外的二相，那就是約能受所受，有內安樂相、外淨妙相；所以說由內外空及本性空，能正除遣。六、了知的建立義上，生起這相，名無量相；遣除這相，是大空的任務。七、了知無色，修無色定者，得到內心寂靜，不知這不究竟，以為就是解脫，名內寂靜解脫相；此由有為空，能正除遣。八、了知相真如義，說有一切法補特伽羅無我性及法無我性的相真如，了知相真如的義上，生起四相，即二無我相與唯識相、勝義相；此由畢竟不可得的畢竟空，遣除無我相。由無性空，遣除法無我相。由無性自性空，遣除唯識相。勝義是無一切相的，由勝義空，能正除遣勝義相。九、由了

義空，能正除遣。九者、由了知清淨真如義故，有無為相、無變異相；此由無為空、無變異空，能正除遣。十者、即於彼相對治空性，作意思惟故，有空性相；此由空空，能正除遣。」

「世尊！除遣如是十種相時，除遣何等？從何等相而得解脫？」

知清淨真如義，有無為相、無變異相；此由無為空、無變異空，能正除遣。現於所了知的清淨真如義上，有無為相及無變異相的生起；無生、住、異、滅的四相，名無為相；常住一味相，名無變異相。能遣除這二相的，是無為空及無變異空。十、即於彼相，指前九相，對治空性，指前十六相。為對治彼相而思惟十六空時，即有十六種的空性相現前，所以說作意思惟故，有空性相。這空性相，唯有空空能正除遣。」

「世尊！如前所說的十種相，於定、於散、於遍計、於依他，心相非一，是遣除的那種心相？從甚麼樣的相而得解脫？」

「善男子！除遣三摩地所行影像相；從雜染縛相而得解脫，彼亦除遣。善男子！當知就勝說，如是空治如是相，非不一一治一切相。譬如無明，非不能生乃至老死諸雜染法。就勝但說能生於行，由是諸行親近緣故。此中道理，當知亦爾。」

「世尊！若諸菩薩於奢摩他、毘鉢舍那現在前時，應知幾種心散動法？」

「善男子！由空所遣的諸相，是三摩地的所行影像，由能遣除三摩地所行的依他影像相，因而就從雜染（指一切的有漏法）的相縛而得解脫了。彼亦除遣雜染縛。善男子！上面分別說明以什麼空對治什麼相，是就殊勝的意義說的，若就實際而言，一一空是能遣除一切相的，所以說非不一一治一切相。譬如十二緣起中的最初無明，不但能夠生行，也可以生一切雜染法。說無明生行者，那是就勝說的，因他是諸行的親近緣故。此中道理，當知這也是這樣的。」

「世尊！若諸菩薩於奢摩他、毘鉢舍那現在前時，有幾種心散動法（相應心所中的一類心所，能令其心散亂傾動）呢？」

「善男子！應知五種：一者、作意散動；二者、外心散動；三者、內心散動；四者、相散動；五者、麁重散動。善男子！若諸菩薩捨於大乘相應作意，墮在聲聞、獨覺相應諸作意中，當知是名作意散動。若於其外五種妙欲諸雜亂相，所有尋思隨煩惱中，及於其外所緣境中，縱心流散，當知是名外心散動。若由惛沈及以睡眠，或由沈沒，或由愛味三摩鉢底，或由隨一三摩鉢底諸隨煩惱之所染污，當知是名內心

「善男子！應知有五種：一者、作意散動；二者、外心散動（向外界的境相去追求）；三者、內心散動（向內並不就是顯示心的安定，如不善用其心，還是有散動的）；四者、相散動（對所緣的所知事相，不能使之明瞭的現前，也即不能令心得到安住）；五者、麁重散動（粗重是我見我慢的種子，這種子是在所依的身上有的，所以名粗重身。眾生有這粗重身的存在，由見、慢的種子，計執我我所及我慢）。善男子！**假使止觀行者，捨於大乘相應的作意，而墮落在二乘相應的請作意中，去修學止觀，當知那就名為作意散動。若於其外五種妙欲，即色、聲、香、味、觸的五欲諸雜亂相，就發生種種尋思生起諸隨煩惱的活動，擾亂內心使心散動，應當知道這就是外心散動。**若由惛沈（大隨煩惱的

散動。若依外相，於內等持所行諸相，作意思惟，名相散動。若內作意為緣，生起所有諸受，由麁重身計我起慢，當知是名麁重散動。」

慈氏菩薩復白佛言：「世尊！云何菩薩依奢摩他、毘鉢舍那勤修行故，證得阿耨多羅三藐三菩提？」

一種，其相瞢懂）及以睡眠（不定心所的一種），或由沈沒（一種下劣心，使所修的靜定退失），或由愛味（愛味就是貪，指由欲界的貪愛，愛味染著所得的上定）三摩鉢底（等至。指八勝處、八遍處、四無色的諸等至），或由隨一三摩鉢底諸隨煩惱之所染污，當知這就叫做內心散動。**若依外相，於內等持所行諸相，作意思惟，因此稱為相散動。若內作意為緣，生起所有諸受，就由見、慢的種子，計執我我所及我慢，是為粗重散動。**」

慈氏菩薩又請教佛：「世尊！行菩薩道的菩薩，從不斷的實踐中，完成了止觀行，又怎樣的依這止觀的勤修加行，而證無上正等菩提的大利大果呢？」

佛告慈氏菩薩曰：「善男子！若諸菩薩已得奢摩他、毘鉢舍那，依七真如，於如所聞所思法中，由勝定心，於善審定、於善思量、於善安立真如性中，內正思惟。

彼於真如正思惟故，心於一切細相現行尚能棄捨，何況

佛為慈氏解答說：「善男子！菩薩奢摩他、毗鉢舍那，依流轉等七真如的所觀之境，於如過去所聽聞所思惟的教法中，由殊勝的奢摩他、毗鉢舍那的定心而修，於善審定（這是聞慧的功能。由聞慧生起一種勝解，而於所緣的真如，令心審定印持）、於善思量（這是思慧的功能。思謂思慮，即是思數發生智慧，而於所緣的真如，善巧思擇，通達了知，沒有顛倒）、於善安立（這是修慧的功用。修謂修習，即是勝定發生智慧）而依真如的言教，善取其相，安置成立，內正思惟（內指在定中，簡別不是散心，所以言內思惟，正是如理作意）。

加行位上的菩薩，依七真如的正思惟，於是那能觀的心上，一切所執受等的細相現行，皆能棄

麁相？善男子！言細相者，謂心所執受相，或領納相，或了別相，或雜染清淨相，或內相，或外相，或內外相，或謂我當修行一切利有情相，或正智相，或真如相，或苦集滅道相，或有為相，或無為相，或有常相，或無常相，或苦有變異性相，或苦無變異性相，或有為異相相，或有為同相相，或知一切是一切已有一切相，或補特伽羅無我相，或法無我相。於彼現行，心能棄捨。」

捨，何況那散心位上所現的一切粗相（指散心位諸相，或一切染污相，或欲界諸相）？善男子！所說的細相，一切粗相（指散心位諸相，或一切染污相，或欲界諸相）？善男子！所說的細相，就是一切種子心識阿陀那識所執受相，或領納相（阿賴耶識攝受相），或六識身了別相，或心能積集貪瞋癡雜染永斷煩惱清淨相，或內相眼耳鼻舌身意根，或外相色聲香味觸法塵，或內外相，或說我應當修行一切利益有情相，或了知宇宙萬法的正智相，或悟入勝義平等真如相，或苦集滅道四聖諦相，或有為相，或無為相，或有常相，或無常相，或苦有變異性相，或苦無變異性相，或有為異相相，或有為同相相（有為法中有很多品類差別相，如有色、無色、

慈氏菩薩復白佛言：「世尊！云何修行引發菩薩廣大威德？」

「善男子！若諸菩薩善知六處，便能引發菩薩所有廣大威德：一者、善知心生；二者、善知心住；三者、善知心出；四者、善知心增；五者、善知

有見、無見，有對、無對，有漏、無漏，若善、不善、無記等，如是名有為異相相），或知一切法如一切已有一切法相，或補特伽羅無我相（人無我），或法無我相。對於上述種種現前行相，了知遍計所執相，心都能棄捨。」

慈氏菩薩又請教佛：「世尊！是什麼引發菩薩廣大威德？」

「善男子！**菩薩若能以善巧智如實了知心生、心住等的六處，就能引發菩薩所有的廣大威德了：**一、**善知心生**：謂如實知十六行心生起差別，是名善知心生；二、**善知心住**：如實知了別真如。住是安住，不散亂或依住，能為受用居處的意思；三、

心滅；六者、善知方便。」

慈氏菩薩復白佛言：「世尊！如世尊說：『於無餘依涅槃界中，一切諸受無餘永滅。』何等諸受於此永滅？」

善知心出：謂如實知出二種縛：所謂相縛及麁重縛。此能善知，應令其心從如是出；四、**善知心增**：謂如實知能治相縛、粗重縛心，彼增長時，彼積集時，亦得增長，亦得積集，名善知增；五、**善知心滅**：謂如實知彼所對治相及麁重所雜染心，彼衰退時，彼損減時，此亦衰退，此亦損減，名善知滅；六、**善知方便**：謂如實知解脫、勝處、及與遍處，或修或遣。」

慈氏菩薩又請教佛：「世尊！如世尊在過去曾經說過的：『證入無餘依涅槃界中的聖者，一切相應的諸受，無有餘剩的永遠滅盡。』但所謂諸受，究竟是什麼受，在此涅槃界中永滅呢？」

「善男子！以要言之，有二種受無餘永滅。何等為二？一者、所依麁重受；二者、彼果境界受。所依麁重受，當知有四種：一者、有色所依受；二者、無色所依受；三者、果已成滿麁重受；四者、果未成滿麁重受。果已成滿受者，謂現在受。果未成滿受者，謂未來因受。彼果境界受，亦有四種：一者、依持受；二者、資具受；三者、受用受；四者、顧戀受。於有餘依涅槃界中，

佛回答說：「善男子！簡要來說，有兩種受無餘永滅。是哪兩種呢？一種是所依有根身所領受有漏煩惱的粗重受；第二種是依內六根緣於外六塵所領受的境界受。所依粗重受應當知道有四種：第一種是五識身相應受；第二種是意識相應受；第三種是過去世無明身口意行等所造，現在世現行的果報受；第四種是業煩惱相應能感未來世為因的果報受。果已成滿受指的就是現在受；果未成滿受指的是未來因受。彼果境界受也有四種：第一種是緣器世間所生受，第二種是飲食衣藥資生之具等等的受，第三種是現前領受前二種受，第四種是顧戀過去前三境所生的受。在有餘依涅槃界中，業煩惱相應能感未來世為因的果報受已滅，唯有領受業煩惱

果未成滿受一切已滅，領彼對治明觸生受，領受共有。或復彼果已成滿受。又二種受，一切已滅。唯現領受，明觸生受。於無餘依涅槃界中般涅槃時，此亦永滅。是故說言於無餘依涅槃界中，一切諸受無餘永滅。」

爾時，世尊說是語已，復告慈氏菩薩曰：「善哉，善哉！善男子！汝今善能依止圓滿最極清淨妙瑜伽道，請問如來。汝於瑜伽，已得決定，最極善

對治，盡無生智相應的無漏受，或領受共有器世間的受；或復領受現在現行的境界受。或者果已成滿粗重受以及果未成滿粗重受，兩者都已經滅除，唯有領受現前的無漏明觸所生受。但在無餘依涅槃界中般涅槃時，無漏的明觸受也永遠滅除無餘。所以說，於無餘依涅槃界中，一切諸所有受皆無餘永滅。」

那時，世尊說完這些話，又對慈氏菩薩曰說：「很好啊，很好啊！善男子！你現今善能依止圓滿最極清淨妙瑜伽道，請問如來。修此瑜伽道的聖者，能發起最極善巧決定之心，所以說已得決定最極善巧。我所說的這止觀妙道，所有一切過去、未

巧。吾已為汝宣說圓滿最極清淨妙瑜伽道，所有一切過去、未來正等覺者，已說、當說皆亦如是。諸善男子、若善女人，皆應依此勇猛精進，當正修學！」

來正等覺者，十方三世一切諸佛，都這樣宣說的。諸善男子、若善女人，皆應依此勇猛精進，皆應依此勇猛精進，應當如此修學！」

第04卷

地波羅蜜多品第七

為何修習波羅密多的菩薩，
不會貪樂於現實所得的度行之果報呢？

為何佛說般若波羅密多能取諸法無自性性，
但卻不說能取諸法有自性性呢？

【釋題】

此品教菩薩如何修十波羅蜜，說明每一地的波羅蜜為何。如果確實建立了什麼般若智的概念，並做到般若的功夫，就是波羅蜜多。〈分別瑜伽品〉和〈地波羅蜜多品〉屬於大乘佛法的「行」。

【要義】

佛陀為觀自在菩薩宣說菩薩十地的內容，及菩薩所應學事，所謂十波羅蜜多行，而以智慧波羅蜜為能取諸法無自性性等義。另明其所對治愚癡粗重，所經三大不可數劫。

爾時，觀自在菩薩白佛言：「世尊！如佛所說菩薩十地，所謂極喜地、離垢地、發光地、焰慧地、極難勝地、現前地、遠行地、不動地、善慧地、法雲地；復說佛地為第十一。如是諸地，幾種清淨？幾分所攝？」

爾時，世尊告觀自在菩薩曰：「善男子！當知諸地四種清淨、十一分攝？云何名為四種清淨能攝諸地？謂增上意樂清淨攝於初地；增上戒清淨

那時，觀自在菩薩請示佛陀：「世尊！如佛所說菩薩十地，所謂極喜地、離垢地、發光地、焰慧地、極難勝地、現前地、遠行地、不動地、善慧地、法雲地；又說佛地為第十一。請問諸地在四種清淨中是那幾種所攝？是那幾分所攝？」

那時，世尊告訴觀自在菩薩：「善男子！當知諸地四種清淨、十一分攝？甚麼是四種清淨普攝諸地呢？一、**增上意樂清淨**。意樂，是內心向上的一種欲求，由此淨信與無分別智相應，自覺自證，不從他悟，所以意樂的自體，是清淨增上的。在十地

攝第二地；增上心清淨攝第三地；增上慧清淨於後後地轉勝妙故，當知能攝從第四地乃至佛地。善男子！當知如是四種清淨普攝諸地。

云何名為十一種分能攝諸地？謂諸菩薩先於勝解行地，依十法行，極善修習勝解忍故，

中能攝初極喜地；**二、增上戒清淨攝第二地者**。到二地的階段，性戒具足，增上戒學的清淨，能攝第二離垢地；**三、增上心清淨攝第三地者**：增上心，就是增上定學，定對散亂說的。由正法的光明，等持的光明，以及內心的淨明所顯發的，所以說增上心清淨攝第三地；**四、增上慧清淨**三無漏學中的增上慧學，總攝後面的八地，所不同者，就是後後地中的慧門，輾轉的殊勝於前，所以當知能攝從第四地乃至佛地。善男子！應當知道這就是四種清淨普攝諸地。

甚麼是十一種分能攝諸地？菩薩行者對佛法已得深刻的殊勝的理解稱為勝解行地，依十法行：一、書寫，二、供養，三、轉施，四、聽聞，五、

超過彼地，證入菩薩正性離生。彼諸菩薩由是因緣，此分圓滿。而未能於微細毀犯誤現行中正知而行，由是因緣，於此分中猶未圓滿。為令此分得圓滿故，精勤修習便能證得，彼諸菩薩由是因緣，此分圓滿。而未能得世間圓滿、等持、等至及圓滿聞持陀羅尼，由是因緣，於此分中猶未圓滿。為令此分得圓滿故，精勤修習便能證得，彼諸菩薩由是因緣，此分圓滿。」

披讀，六、受持，七、開示，八、諷誦，九、思惟，十、修習，作極善巧的修習一種勝解忍，超過勝解行地，邁進菩薩正性離生的地位。諸菩薩由於這樣的特殊因緣，所以初地所應具有的一分功德，就圓滿完成了。初地第一分的菩薩這個時候還沒有辦法在這種微細的毀犯（犯戒，持戒不夠清淨）種種的現行中正知而行，由此因緣，所以於此分中猶未圓滿。所以為令此分得圓滿，已經過了初地以上的菩薩們想要讓這個第二分的戒行清淨的話，要精勤修習便能證得，由於這樣的因緣，此分圓滿。對於第三地，而未能得世間圓滿、等持（三摩地）、等至（三摩鉢底，達到內心的靜止）及圓滿聞持陀羅尼（能持所要修的一切善法，由此因緣，所以於

觀自在菩薩復白佛言：「世尊！何緣最初名極喜地？乃至何緣說名佛地？」

佛告觀自在菩薩曰：「善男子！成就大義，得未曾得出世間心，生大歡喜，是故最初名極喜地。遠離一切微細犯戒，是故第二名離垢地。由彼所得三摩地及聞持陀羅尼，能為無量智光依止，是故第三名發光

此分中猶未圓滿。所以為令此分得圓滿，有關於第三地菩薩所要修的還是不夠圓滿，要精勤修習便能證得，由於這樣的因緣，此分圓滿。」

觀自在菩薩又對佛說：「世尊！為什麼菩薩修行的第一地叫做極喜地，乃至於為什麼菩薩修行的最後一個階位叫做佛地呢？」

佛告訴觀自在菩薩：「善男子！成就大義（從此獲得成就自己及其它有情的兩種義利），得到從來未得的出世的無漏心，生大歡喜，因此最初名極喜地。在初地位上，雖已能夠遠離粗重的犯戒垢，但微細的毀犯，仍不斷的現行。遠離一切微細犯戒，所以稱為第二名離垢地。菩薩證得諸三摩地又以得到聞持陀羅尼的因緣，從陀羅尼中，克服無

地。由彼所得菩提分法，燒諸煩惱，智如火焰，是故第四名焰慧地。由即於彼菩提分法，方便修習最極艱難，方得自在，是故第五名極難勝地。現前觀察諸行流轉，又於無相多修作意方現在前，是故第六名現前地。能遠證入無缺無間無相作意，與清淨地共相隣接，是故第七名遠行地。由於無相得無功用，於諸相中不為現行煩惱所動，是故第八名不動地。於一切種說法自在，獲得無罪廣

明黑暗，發出無邊的聞思之光，能為無量智光之所依止，所以第三名發光地。菩薩修習三十七菩提分法，從菩提分法中生起猛烈的智光，燒諸各種煩惱，其智焰猶如燒諸柴薪的火焰一般，所以第四名焰慧地。菩薩對前所修的菩提分法，作進一步的方便修習，這方便修習，要經過最極艱難的工夫，才能得自在，所以第五名極難勝地。菩薩雖能現前觀察諸行流轉，但還是一種有相觀，要多修作意，無相觀現方可前。以此因緣，所以第六名現前地。菩薩修無相觀，能長時的久遠的無缺的無間的，無間證入無相觀，功用已到了最後，與第八清淨地是共相鄰接的，已經遠行到與八地相距不遠了，所以第七名遠行地。菩薩能作無一切相的無相觀，不為有

大智慧，是故第九名善慧地。麁重之身，廣如虛空，法身圓滿，譬如大雲，皆能遍覆，是故第十名法雲地。永斷最極微細煩惱及所知障，無著無礙，於一切種所知境界，現正等覺，故第十一說名佛地。」

觀自在菩薩復白佛言：「於此諸地有幾愚癡、有幾麁重為所對治？」

佛告觀自在菩薩曰：「善男子！此諸地中有二十二種愚

功用行所動，且也不為一切現行煩惱所動，所以第八名不動地。菩薩獲得無礙的廣大智慧，為一切有情種種說法而得自在，所以第九名善慧地。有情的生身，為惑業所生身，沒有什麼堪能性，所以是粗重的，粗重之身猶如虛空的廣大無量，證得圓滿法身，猶似大雲一般遍覆，所以第十名法雲地。永斷最極微細煩惱及所知障，無著無礙，就可於一切種所知境界現等正覺了，所以第十一名為佛地。」

觀自在菩薩又對佛說：「菩薩在修行的每一階位上，各有哪些愚昧無知的表現？各有哪些邪惡的潛在勢力是修行人必須對治的？」

佛陀告訴觀自在菩薩說：「善男子！菩薩修行的十一個階位上共有二十二種愚昧無知的表現、

癡、十一種麁重為所對治。謂於初地有二愚癡：一者、執著補特伽羅及法愚癡，二者、惡趣雜染愚癡；及彼麁重為所對治。

於第二地有二愚癡：一者、微細誤犯愚癡，二者、種種業趣愚癡；及彼麁重為所對治。

於第三地有二愚癡：一者、欲貪愚癡，二者、圓滿聞持陀羅尼愚癡；及彼麁重為所

十一種邪惡的心理潛勢力是修行人必須對治的。在修行第一地上有兩種愚昧無知的表現：其一是執著於補特伽羅（生命實體）的人我執和存在客觀實體的法我執，其二是造作三惡趣惑、業、苦的三雜染的愚癡；這兩種愚昧無知的煩惱隨煩惱種子是修行人必須對治的。

在修行第二地上有兩種愚昧無知的表現：其一是微細的、失控的精神活動狀態，其二是會引起未來生命週期流轉生命的各種行為；這兩種愚昧無知的煩惱隨煩惱種子是修行人必須對治的。

在修行第三地上有兩種愚昧無知的表現：其一是貪欲愚癡，其二是妨害圓滿記憶能力；這兩種愚昧無知的煩惱隨煩惱種子是修行人必須對治的。

對治。

於第四地有二愚癡：一者、等至愛愚癡，二者、法愛愚癡；及彼麁重為所對治。

於第五地有二愚癡：一者、一向作意棄背生死愚癡，二者、一向作意趣向涅槃愚癡；及彼麁重為所對治。

於第六地有二愚癡：一者、現前觀察諸行流轉愚癡，二者、相多現行愚癡；及彼麁重為所對治。

在修行第四地上有兩種愚昧無知的表現：其一是對修行境界、內心感受的貪戀心理，其二是對佛教教法的貪戀執著；這兩種愚昧無知的煩惱隨煩惱種子是修行人必須對治的。

在修行第五地上有兩種愚昧無知的表現：其一是一向害怕厭惡生死流轉的愚癡，其二是一向渴望涅槃的愚癡；這兩種愚昧無知的煩惱隨煩惱種子是修行人必須對治的。

在修行第六地上有兩種愚昧無知的表現：其一是不能直接觀察生命流轉的的愚癡，其二是精神活動始終存留主觀意向的愚癡；這兩種愚昧無知的煩惱隨煩惱種子是修行人必須對治的。

於第七地有二愚癡：一者、微細相現行愚癡，二者一向無相作意方便愚癡；及彼麁重為所對治。

於第八地有二愚癡：一者、於無相作功用愚癡，二者、於相自在愚癡；及彼麁重為所對治。

於第九地有二愚癡：一者、於無量說法、無量法句文字、後後慧辯陀羅尼自在愚癡，

在修行第七地上有兩種愚昧無知的表現：其一是仍執著於生死流轉的細相現行的愚癡，其二是執取有還滅的微細滅相，於無相作意勤求的愚癡；這兩種愚昧無知的煩惱隨煩惱種子是修行人必須對治的。

在修行第八地上有兩種愚昧無知的表現：於無相作功用愚，就是第七地中，於無相觀尚有加行功用的那種愚癡，於相自在愚，就是能令於身、土相中，不得自在顯現的那種愚癡；這兩種愚昧無知的煩惱隨煩惱種子是修行人必須對治的。

在修行第九地上有兩種愚昧無知的表現：其一是對無量說法、無量法句、以言說音聲展轉為眾生訓解釋義無法把握，其二是善達眾生機緣而為說法

二者辯才自在愚癡；及彼麁重為所對治。

於第十地有二愚癡：一者、大神通愚癡，二者、悟入微細祕密愚癡；及彼麁重為所對治。

於如來地有二愚癡：一者、於一切所知境界極微細著愚癡，二者、極微細礙愚癡；及彼麁重為所對治。

善男子！由此二十二種愚

之能力不得自在；這兩種愚昧無知的煩惱隨煩惱種子是修行人必須對治的。

在修行第十地上有兩種愚昧無知的表現，就是此九地中障礙所起利他事業，不令顯現的愚癡。二、悟入微細秘密愚，就是第九地裏能障微細秘密的大法智雲，及其所含藏的諸功德等，不令悟入的那種愚癡；這兩種愚昧無知的煩惱隨煩惱種子是修行人必須對治的。

在成佛地上有兩種愚昧無知的表現：其一是對一切認知境界存留著極微細的實體執著，其二是對一切認知對象存在極微細的無知狀態；這兩種愚昧無知的煩惱隨煩惱種子是修行人必須對治的。

善男子！由此二十二種愚昧無知的生命表現活

癡及十一種麁重故，安立諸地；而阿耨多羅三藐三菩提離彼繫縛。」

觀自在菩薩復白佛言：「世尊！阿耨多羅三藐三菩提甚奇希有，乃至成就大利大果，令諸菩薩能破如是大愚癡羅網，能越如是大麁重稠林，現前證得阿耨多羅三藐三菩提。」

觀自在菩薩復白佛言：「世尊！如是諸地，幾種殊勝之所安立？」

佛告觀自在菩薩曰：「善

動及十一種煩惱隨煩惱種子，安立諸地；所謂最高最圓滿的覺悟正是指從上述的重重污染、重重束縛中完全擺脫出來。」

觀自在菩薩就對佛陀說：「世尊！無上正等正覺是最驚奇、希有，不僅成就了大利大果，而且能幫助諸菩薩衝出愚昧無知的重重羅網，現前證得無上正等正覺。」

觀自在菩薩稟告佛陀說：「世尊！這些修行階位，就其表徵菩薩的精神活動而言，是根據哪幾種殊勝所安立的呢？」

佛陀告訴觀自在菩薩說：「善男子！具體地說

男子！略有八種：一者、增上意樂清淨；二者、心清淨；三者、悲清淨；四者、到彼岸清淨；五者、見佛供養承事清淨；六者、成熟有情清淨；七者、生清淨；八者、威德清淨。

善男子！於初地中，所有增上意樂清淨，乃至威德清淨；後後諸地乃至佛地，所有增上意樂清淨，乃至威德清淨，當知彼諸清淨展轉增勝，唯於

共有八種：一、**增上意樂清淨**（為一切眾生離苦得樂而發心之上，增加願意承擔眾生離苦得樂的重擔之非常樂趣的心是淨化的）；二、**心清淨**；三、**悲清淨**（對眾生的慈悲也是淨化的）；四、**到彼岸清淨**；五、**見佛供養承事清淨**；六、**成熟有情清淨**（對其他生命的教導和幫助也是淨化的）；七、**生清淨**（修行生命的生存方式是淨化的）；八、**威德清淨**（事業、相貌都是圓滿無缺的）。

善男子！如上所說的八種清淨，從初地到十地，從增上意樂清淨到威德清淨；從初地到十地地地具有，所不同的，就是後後諸地比前前諸地，輾轉增勝而已。至於佛地，除生清淨無有外，其餘的七種清淨，都到達最極殊勝的地步。初地中的所

佛地除生清淨。又初地中所有功德，於上諸地平等皆有，當知自地功德殊勝。一切菩薩十地功德皆是有上，佛地功德當知無上。」

觀自在菩薩復白佛言：「世尊！何因緣故說菩薩生，於諸有生最為殊勝？」

佛告觀自在菩薩曰：「善男子！四因緣故：一者、極淨善根所集起故；二者、故意思擇力所取故；三者、悲愍濟度諸眾生故；四者、自能無染除

有功德，以上諸地，地地皆有，當知各各是以自地功德為最殊勝的。十地菩薩所具的功德，都是屬於有上的，若證最高佛位的功德，是最勝最上無有再超過的了，所以是無上的。」

觀自在菩薩稟告佛陀說：「世尊！菩薩受生與有情受生，同樣的是受生，什麼緣故要說菩薩生在一切有情中，是最殊勝的受生呢？」

佛告訴觀自在菩薩：「善男子！菩薩受生所以勝過有情受生，有四種因緣：一、有情受生，是求世間欲樂而造雜染諸業所招感的；菩薩是求無上菩提而修種種最極清淨的善根所集起的；二、有情受

他染故。」

觀自在菩薩復白佛言：「世尊！何因緣故說諸菩薩行廣大願、妙願、勝願？」

佛告觀自在菩薩曰：「善男子！四因緣故：謂諸菩薩，

生，是隨業力所牽的，自己並做不得主；菩薩是願力受生的，以自在願力，抉擇要在什麼地方受生；三、有情受生，是隨生死而漂沉的；菩薩見到眾生的痛苦，悲愍眾生才出生入死的受種種生的；四、有情受生，是由煩惱雜染、業雜染，感受這生雜染的，既不能解決本身的雜染，也不能除卻他人的雜染；菩薩自己能夠除去煩惱、所知的二障惑染，所以也能使令其它有情除去障染。」

觀自在菩薩稟告佛陀說：「世尊！以什麼因緣說諸菩薩行廣大願、妙願、勝願呢？」

佛回答觀自在菩薩：「善男子！佛為當機者解說，菩薩所以能行三大願行，有四種因緣：一、能善了知涅槃樂住，堪能速證；而復棄捨速證樂住；無緣無待發大願心；為欲利益諸有情故，處多種種長時大苦。是故我說彼諸菩薩行廣大願、妙願、勝願。」

觀自在菩薩復白佛言：「世尊！是諸菩薩凡有幾種所應學事？」

菩薩以其無分別智，善能了知寂靜妙樂的涅槃，能很迅速的證得及能安住在涅槃樂中；二、**菩薩雖說可以很快的證得寂靜涅槃，但為悲心所驅使的關係，並不積極的去求證，而且放棄求證涅槃樂，所以菩薩雖能證涅槃而不住於涅槃**；三、菩薩這樣的不住生死、不住涅槃的發大願心，是無緣於眾生的報恩，更無待於眾生報恩的；四、菩薩為了利益各別不同的有情，就得隨類受生，長期接受痛苦，所以說處多種種長時大苦。因此我說彼諸菩薩行廣大願、妙願、勝願。」

觀自在菩薩接著稟告佛陀說：「世尊！修學佛道的菩薩所應學的事情有幾種？」

佛告觀自在菩薩曰：「善男子！菩薩學事略有六種：所謂布施、持戒、忍辱、精進、靜慮、慧到彼岸。」

觀自在菩薩復白佛言：「世尊！何因緣故，波羅蜜多說名波羅蜜多？」

佛告觀自在菩薩曰：「善男子！五因緣故：一者、無染著故；二者、無顧戀故；三者、無罪過故；四者、無分別故；五者、正迴向故。無染著者，謂不染著波羅蜜多諸相違事。無顧戀者，謂於一切波羅蜜多

佛告訴觀自在菩薩：「善男子！**修學佛道的菩薩所應學的事情有六種：所謂布施、持戒、忍辱、精進、靜慮、智慧到彼岸。**」

觀自在菩薩又稟告佛陀說：「世尊！為什麼要把這個六度波羅蜜多稱為波羅蜜多？」

佛回答觀自在菩薩：「善男子！主要是有五個因緣：一者、無染著故；二者、無顧戀故；三者、無罪過故；四者、無分別故；五者、正迴向故。第一個就是無染著，與波羅蜜多相違的行為動作都不染著；所謂無顧戀謂於一切波羅蜜多諸果異熟及報恩中心無繫縛，菩薩修學六種波羅蜜多功德是越來越殊勝，諸果異熟就是由於先業或由這一世達到

諸果異熟及報恩中心無繫縛。無罪過者，謂於如是波羅蜜多無間雜染法，離非方便行。無分別者，謂於如是波羅蜜多，不如言詞執著自相。正迴向者，謂以如是所作所集波羅蜜多，迴求無上大菩提果。」

「世尊！何等名為波羅蜜多諸相違事？」

來生這個果報的異熟，這個未來的生命體叫做異熟果報體，**這個異熟果報體是越來越殊勝了，心無繫縛不起染著不會去戀著於未來的殊勝的果報，也不戀著於眾生，饒益有情受到報恩也不起染著**。無罪過者，就是於如是波羅蜜多無間雜染法，離非方便行。菩薩們在修學六度的時候對於這一個波羅蜜多是沒有間雜染法，遠離非方便行不是正法的。**所謂的無分別就是對於如是波羅蜜多，不要如言詞起執著於自相**。正迴向者，就是你所作所積集的波羅蜜多，迴求無上大菩提果，都要能夠達到證得菩提果位的。」

「世尊！什麼叫做波羅蜜多的諸相違事呢？」

「善男子！當知此事略有六種：一者、於喜樂欲財富自在諸欲樂中，深見功德及與勝利；二者、於隨所樂縱身、語、意而現行中，深見功德及與勝利；三者、於他輕蔑不堪忍中，深見功德及與勝利；四者、於不勤修著欲樂中，深見功德及與勝利；五者、於處憒鬧世雜亂行，深見功德及與勝利；六者、於見、聞、覺、知、言說戲論，深見功德及與勝利。」

「善男子！當知跟諸波羅蜜多相違的相反的有六種：一者、於喜樂欲財富自在諸欲樂中，固執地認為大有功德及其利益；二者、於隨所樂縱身、語、意而現行中，隨著自己感覺到快樂的放縱自己的身語意，固執地認為大有功德及其利益；三者、於他輕蔑不堪忍中，對於他人之輕慢懱視，不能忍受，並且固執地認為大有功德及其利益；四者、不勤修染著於欲樂中，固執地認為大有功德及其利益；五者、於處憒閙世雜亂行，固執地認為大有功德及其利益；六者、對於所見之色、所聞之聲、所覺之香、味、觸，所知之一切諸法，執著以為實有，又對於世間無意義之言論汲汲修學，固執地認為大有功德及其利益。」

「世尊！如是一切波羅蜜多何果異熟？」

「善男子！當知此亦略有六種：一者、得大財富；二者、往生善趣；三者、無怨無壞多諸喜樂；四者、為眾生主；五者、身無惱害；六者、有大宗葉。」

「世尊！何等名為波羅蜜多間雜染法？」

「世尊！如果一個修行人遵照六種修學方法去實踐，他能招感些什麼果報呢？（「果異熟」指按六種方法修學所招感的當來世苦樂之果）」

「善男子！當知這也略有六種：一、能得廣大財富的異熟果報；二、往生善趣，由戒波羅密多，未來生命週期的生存狀態將會是良善的；三、無怨無壞多諸喜樂，於未來世，能得沒有怨敵、沒有破壞，而在群眾中得到多數人的喜樂；四、能得大尊大貴而為眾生之主的異熟果報；五、身無惱害，由定波羅密多，伏除煩惱，沒有什麼病患；六、有大宗葉，由慧波羅密多，子孫眾多，家族興旺。」

「世尊！什麼是波羅密多的間雜染法？」

「善男子！當知略由四種加行：一者、無悲加行故；二者、不如理加行故；三者、不常加行故；四者、不慇重加行故。不如理加行者，謂修行餘波羅蜜多時，於餘波羅蜜多遠離失壞。」

「善男子！當知這略有四種的加行：一、無悲加行，這是障長時修的。諸菩薩於六波羅密多的修行，從初發心的開始直到安坐妙菩提座，在這三大阿僧只劫的漫漫長時間中，本應始終如一的修學的，但因缺乏悲心的加行力，於是就不能長時間的修習了。二、不如理加行，這是障無餘修的。請菩薩於六波羅密多的修行，不是先修此度後修彼度，而應於一時中六度齊修的，但由於不如理加行的阻力，因而修一度時就不能通修餘度。三、不常加行，這是障無間修的。菩薩於六波羅密多的修行，應無間的不斷的修習，不應任自己的心意，高興時就認真的去行，不高興時就放棄不行，可是發心修行的菩薩，由於放逸懈怠的因緣，就時斷時續的不能無

「世尊！何等名為非方便行？」

「善男子！若諸菩薩以波羅蜜多饒益眾生時，但攝財物饒益眾生便為喜足，而不令其出不善處安置善處，如是名為非方便行。何以故？善男子！

間的恒修諸行。四、不殷重加行，這是障殷重修的。諸菩薩於六波羅密多的修行，不論是為斷煩惱的自利行，或為益有情的利他行說，都應慎重其事認真去實踐，發心菩薩不瞭解這一工作的神聖性、偉大性，只是虛應故事的隨便修修而已，所以不能殷重修習。」

「世尊！哪一些稱為非方便行？」

「善男子！若諸菩薩以波羅蜜多饒益眾生時，不是見到眾生貧窮困苦無衣無食，就攝受一些衣食財物去施予眾生便認為很滿足，不再進一步去為眾生宣說法要，使之出不善處，將之安置善處，這樣就叫做非方便行，為什麼呢？善男子！**要知菩薩**

非於眾生唯作此事名實饒益。譬如糞穢若多若少，終無有能令成香潔。如是眾生由行苦故，其性是苦，無有方便，但以財物暫相饒益，可令成樂，唯有安處妙善法中，方可得名第一饒益。」

觀自在菩薩復白佛言：「世尊！如是一切波羅蜜多有幾清淨？」

度生，不是只對眾生以一點世間的財物施予，使得一點世間的利益安樂，就算真正的饒益了眾生。譬如世間的糞穢，不管數量是多是少，不可能通過增加或減少其數量而變得香潔。這樣生死中的眾生，由行苦故（糞穢），其性無不是苦，現在菩薩發心拔除其苦，如沒有一種適當的方便，而但以一些財物，暫時去饒益他，是很難得到真正安樂的，唯有運用法施，針對眾生根器，將其安處於菩提、涅槃（香潔）的妙善法中，才可算是真正第一的究竟饒益眾生。

觀自在菩薩復白佛言：「世尊！您說的這些波羅蜜多有哪些清淨相的表現呢？」

佛告觀自在菩薩曰：「善男子！我終不說波羅蜜多，除上五相有餘清淨。然我即依如是諸事總別，當說波羅蜜多清淨之相。

總說一切波羅蜜多清淨相者，當知七種。何等為七？一者、菩薩於此諸法不求他知；二者、於此諸法見已不生執著；三者、即於如是諸法不生疑惑，謂為能得大菩提不？四者、終不自讚毀他有所輕蔑；五者、終不憍傲放逸；六者、

佛陀告訴觀自在菩薩說：「善男子！我始終不會說波羅蜜多，除了上面所說的無染著、無顧戀，無罪過、無分別、正回向的五相外，更不說有其餘的清淨相。然佛即依前五相，當說波羅蜜多清淨之相。

總的說來一切波羅蜜多會有以下七種淨化的表現。哪七種呢？一、**菩薩於此六波羅密多，只是依照自己的菩提心、大悲願去行，決不為了名聞利養而向他人宣佈，以求他人知道我是怎樣的在實踐波羅密行**；二、**決不在這諸法上生起執著，認為我是如何的行施**；三、決不在這諸法上忽然生起疑惑，以為我這樣的一味循此波羅密道前進，將來究竟能不能得到大菩提果？四、決不因為自己如此，就極

終不少有所得便生喜足；七者、終不由此諸法，於他發起嫉妬慳悋。」

「別說一切波羅蜜多清淨相者，亦有七種。何等為七？謂諸菩薩，如我所說七種布施清淨之相，隨順修行。一者、由施物清淨行清淨施；二者、由戒清淨行清淨施；三者、由

力的稱讚自己是如何的難能可貴，而對那些不行六波羅密多的他人，就加以毀謗或有所輕蔑；五、決不因而生憍傲，也不因此而行放逸；六、不以少有所得便生喜足，而要廣修六度萬行的，菩薩猶無厭足之想。七、菩薩行此六波羅密多，決不因為由於自己的如法實行，而見他人慳悋財、法，破戒、瞋恚等，就生起極堅強的嫉妒之心。」

「如果更加具體地說一切波羅蜜多清淨相者，也肯定會有七種淨化的表現。哪七種呢？指諸菩薩，在其修行生活裡有下面這七種佈施淨化的表現，隨順修行。第一，用來幫助其他眾生的財富和智慧是淨化了的；第二，在幫助其他眾生時，他恪守著全部的戒律；第三，**他對修行生活的認識和理**

見清淨行清淨施；四者、由心清淨行清淨施；五者、由語清淨行清淨施；六者、由智清淨行清淨施；七者、由垢清淨行清淨施。是名七種施清淨相。

又諸菩薩，能善了知制立律儀一切學處，能善了知出離所犯，具常尸羅，堅固尸羅，常作尸羅，常轉尸羅，受學一切所有學處，是名七種戒清淨相。

解是與真理相應的；第四，他的修行精神結構是完全淨化的；第五，他修行生活中的語言功能是完全淨化的；第六，他的智慧與真理相應；第七，他能一切邪惡情緒的現實活動中擺脫出來。這就是**七種施清淨相**。

又諸菩薩，**能了解為什麼要制定某些戒律，哪些戒律針對何種情況才有效，他了解一旦觸犯某一戒律後，應如何修正自己的行為**，他時時刻刻遵守著戒律（**具常尸羅**）。尸羅意譯為戒律，為波羅密的一種，也是三無漏學之一），他以極大的誠心和毅力持守著戒律（**堅固尸羅**），他了解哪些戒律是鼓勵善行（**常作尸羅**），了解哪些戒律是制止惡行的（**常轉尸羅**），他對戒律學已獲得全面的詳盡的知識，這就是**七種戒清淨相**。

若諸菩薩於自所有業果異熟深生依信，一切所有不饒益事現在前時，不生憤發；亦不反罵、不瞋、不打、不恐、不弄、不以種種不饒益事反相加害；不懷怨結；若諫誨時不令恚惱；亦復不待他來諫誨；不由恐怖有染愛心而行忍辱；不以作恩而便放捨，是名七種忍清淨相。

行菩薩道的菩薩，在現實世間中，不論遭遇到什麼不如意不稱心不饒益的事情，認為現實所感受的一切，都由自己過去所造諸業而招感的，由於菩薩的深信因果，所以對違逆的境界現在前時，他的修行生活會有下面這七種淨化的表現：不憤怒；也不責罵別人、不記恨、不與別人爭鬥、不恐懼憂患、不出言嘲弄等、不會打擊報復，不以其人之道還治其人之身；不會把對別人的怨恨之情牢牢隱伏起來；如果要去勸諫他人時，不致觸怒對方；對自己的行為常加反省，不需要別人來提醒自己或指責自己的錯誤；不會因為恐懼什麼而忍受逼迫，已經消除了恐懼；不會因為別人對自己有恩惠就聽從對方的話，放棄修行生活，這就是**七種忍清淨相**。

若諸菩薩，通達精進平等之性；不由勇猛勤精進故自舉陵他；具大勢力；具大精進；有所堪能；堅固勇猛；於諸善法終不捨軛，如是名為七種精進清淨之相。

若諸菩薩，有善通達相三摩地靜慮；有圓滿三摩地靜慮；有俱分三摩地靜慮；有運轉三摩地靜慮；有無所依三摩地靜慮；有善修治三摩地靜

菩薩行者知道通達精進是不急不緩的平等行，對於修行生活的每一個方面都必須適中而行，不能走極端；不因為自己勇猛勤精進有自強不息的意志，就抬舉自己，看不起他人；決不受任何惡勢力阻擋前進；精進勇猛地勤修種種加行；不論自己的身心是如何的交疲困苦，都能勇往直前而無懼意；奮起堅固不拔的意志，勇猛無畏的精神；於諸善法從不懈廢，這就是**七種精進清淨相**。

若菩薩行者在練習靜中思維工夫時，有通達相靜慮；他的靜中思維是以體認終極真理為目的的，他最後必然能引發出與真理相應的智慧；他的思維結構是圓滿無欠缺的；所修靜慮，若是定慧相應均等而轉，或是無礙緣於真俗二境，為俱分靜慮；依

慮；有於菩薩藏聞緣修習無量三摩地靜慮，如是名為七種靜慮清淨之相。

若諸菩薩，遠離增益、損減二邊行於中道，是名為慧；由此慧故，如實了知解脫門義，謂空、無願、無相三解脫門；如實了知有自性義，謂遍計所執、若依他起、若圓成實三種自性；如實了知無自性義，謂

定能引發神通的運轉靜慮：為根本無分別智所依止的無所依靜慮；是為帶相觀如的後得智所依止的善修治靜慮；若於大乘菩薩藏波羅密多相應微妙的正法言教，能夠聽聞、思惟、修習，而且以此三慧，在一定中，修習無量種種的深定，為無量三摩地靜慮，這是**靜慮波羅密多的七種清淨相**。

如果菩薩行者既不在存在之上增加什麼，也不在存在之上減少什麼，他遠遠捨棄了增加和減少這兩種偏見執著，中道，是遠離增益、損減二邊的戲論分別的，這就是慧；因如此妙慧，他能如實理解存在的三種樣態，如實地了知解脫門義，謂如實了知諸法自性本空的空解脫門，如實了知一切諸法相不可得的無相解脫門，如實了知不求未來生命的

相、生、勝義三種無自性性；如實了知世俗諦義，謂於五明處；如實了知勝義諦義，謂於七真如；又無分別離諸戲論純一理趣多所住故，無量總法為所緣故，及毘鉢舍那故；能善成辦法隨法行，是名七種慧清淨相。」

無願解脫門；這就是意識處處計較所虛構的實體樣態，依據因緣條件流轉的生命樣態以及圓滿成就的存在實態；如實了知三自性義，謂如實了知隨起言說的遍計所執自性，如實了知一切法的緣生自性此有彼有此生彼生的依他起自性，如實了知一切法平等真如的圓成實自性；如實了知三無自性義，謂如實了知由假名安立為相，非自然有的生無自性性，如實了知一切諸法法無我性的勝義無自性性；由此中道觀慧如實的了知世俗諦義。五明，就是內明、因明、聲明、醫方明、工巧明，為印度學術的分類。內明顯示正確的因果性相；由此中道觀慧，如實了知勝義諦義，這七真如，是聖者殊勝智慧所認識的境義；又此智遠離種種計度分別，超越一切名

觀自在菩薩復白佛言：

「世尊！如是所說波羅蜜多，何者最廣大？何者無染污？何者最明盛？何者不可動？何者最清淨？」

佛告觀自在菩薩曰：「善男子！無染著性、無顧戀性、正迴向性，最為廣大。無罪過性、無分別性，無有染污。思

言戲論，而唯於純一無雜清淨真如的理趣中多分安住的，能運用觀照思維對無窮無盡的事物屬性進行多方面的觀察；能夠善巧的成辦法隨法行，這是**慧的七種清淨相**。」

觀自在菩薩又對佛說：「世尊！以上所說的波羅蜜多，哪一個最廣大？哪一個無染污？哪一個最昌明興盛？哪一個不可動？哪一個最清淨？」

佛回答觀自在菩薩：「善男子！五相中的第一無染著性、第二無顧戀性、第五正迴向性的三種，是最廣大的。至五相中的第三無罪過性、第四無分別性的兩種，是屬無染汙的。八地以前的菩薩，不

擇所作，最為明盛。已入無退轉法地者，名不可動。若十地攝、佛地攝者，名最清淨。」

觀自在菩薩復白佛言：「世尊！何因緣故，菩薩所得波羅蜜多諸可愛果及諸異熟常無有盡？波羅蜜多亦無有盡？」

佛告觀自在菩薩曰：「善男子！展轉相依生起修習無間斷故。」

論是有相行的初地至六地，或是無相行的第七地，都屬有功用行的，有功用行的修學菩薩道，必以勝思擇而行波羅密多的，所以思擇所作最為明盛。八地與九地，是不可動相，因進入八地，得無功用行，不再為有功用行所動，而已入於無退轉地法了。所以說若十地攝、佛地攝者，是最清淨的。」

觀自在菩薩又對佛說：「世尊！是甚麼因緣，菩薩由修六波羅密多所得的種種可愛果及諸異熟果，常常都是無窮無盡的，所修的波羅密多的因也是如此？」

佛回答觀自在菩薩：「善男子！由修波羅密多的因而得諸可愛的異熟果，依此諸可愛的異熟果再修波羅密多的因，如是輾轉互相相依、互相生起，

觀自在菩薩復白佛言：「世尊！何因緣故，是諸菩薩深信愛樂波羅蜜多，非於如是波羅蜜多所得可愛諸果異熟？」

佛告觀自在菩薩曰：「善男子！五因緣故：一者、波羅蜜多是最增上喜樂因故；二者、波羅蜜多是其究竟饒益一切自他因故；三者、波羅蜜多是當來世彼可愛果異熟因故；

無間無斷的修習，所以所修的因無有窮盡，所得的果也無窮盡。」

觀自在菩薩又對佛說：「世尊！是什麼道理，修習波羅蜜多的菩薩，對於自己所修的六到彼岸，深心欣樂異常愛重，但對由修波羅蜜多所得可愛諸果異熟，反而不予欣樂愛重呢？」

佛回答觀自在菩薩：「善男子！菩薩所以如此，有五種的因緣：一、**菩薩知道自己所修習的諸波羅密多，是出世的究竟的無上佛果的喜樂因素，何必貪圖愛樂現在的度行所得果**；菩薩知道自己所修習的波羅密多，是究竟饒益自己以及其他一切眾生的重大因素，由波羅密多所感得的異熟果報，並

四者、波羅蜜多非諸雜染所依事故；五者、波羅蜜多非是畢竟變壞法故。」

觀自在菩薩復白佛言：「世尊！一切波羅蜜多，各有幾種最勝威德？」

佛告觀自在菩薩曰：「善

無這種特殊的功能；**菩薩知道自己所修習的諸波羅密多，是感得當來世的諸可愛果的異熟因素，無須愛樂現實所得的度行之果**；菩薩知道自己所修習的諸波羅密多，是諸清淨白法所依的，不是煩惱與業的雜染所依的，而諸可愛的諸異熟果，卻正是煩惱與業的雜染所依；**菩薩知道自己所修的諸波羅密多是絕對不會變壞的，由波羅密多所感得的異熟果報卻不能保持畢竟不壞，果是由因支持的，一旦業因盡了，果也隨之崩潰了**。」

觀自在菩薩又對佛說：「世尊！菩薩所修學的六波羅密多，各各有幾種的勝妙威德之力呢？」

佛回答觀自在菩薩：「善男子！當知一切諸波

男子！當知一切波羅蜜多，各有四種最勝威德：一者、於此波羅蜜多正修行時，能捨慳悋、犯戒、心憤、懈怠、散亂、見趣所治；二者、於此正修行時，能為無上正等菩提、真實資糧；三者、於此正修行時，於現法中能自攝受饒益有情；四者、於此正修行時，於未來世能得廣大無盡可愛諸果異熟。」

觀自在菩薩復白佛言：「世尊！如是一切波羅蜜多，何因？何果？有何義利？」

羅密多，有四種的勝妙威德之力：一、菩薩修行佈施，能捨離慳貪，能滅犯戒，能滅心憤怒懟，能遠離懈怠，能除捨所有一切令心散動的不善法，能除遣一切決定見性所攝的見趣；二、菩薩於此六波羅密多正式修行的時候，能為無上正等菩提的真實資糧；三、菩薩於此六波羅密多正式修行的時候，就利益眾生，是在現實的生命體中，即能使諸有情獲得真實的利益；四、菩薩於此六波羅密多正式修行的時候，於未來世能得廣大無盡可愛的諸果異熟。」

觀自在菩薩又對佛說：「世尊！如上所說的一切波羅密多，菩薩修學時，是以什麼為他的因？修學以後，又以什麼為他所得的結果？究竟的義利又是什麼？」

佛告觀自在菩薩曰：「善男子！如是一切波羅蜜多，大悲為因；微妙可愛諸果異熟，饒益一切有情為果；圓滿無上廣大菩提為大義利。」

觀自在菩薩白佛言：「世尊！若諸菩薩具足一切無盡財寶成就大悲，何緣世間現有眾生貧窮可得？」

佛告觀自在菩薩曰：「善

佛回答觀自在菩薩：「善男子！菩薩所以能夠實踐波羅密多，是由於觀見眾生的痛苦而激發了內自的悲心，悲心激發，就想應怎樣的解決眾生的痛苦；就感得廣大無盡可欣可愛的諸果異熟，以此異熟果報，更為眾生服務，饒益有情，是為修行波羅密多的結果；如此長期的不斷的實行下去，就能圓滿無上廣大菩提，此無上廣大菩提，就是一切波羅密多的究竟義利。」

觀自在菩薩又對佛說：「世尊！如果行菩薩道的菩薩，成就一切功德，具足無盡財寶，又有濟拔有情的大悲心，使一切眾生皆不受貧窮之苦，但為什麼現見世間有諸眾生還是貧窮得不得了呢？」

佛回答觀自在菩薩：「善男子！這是眾生的自

男子！是諸眾生自業過失！若不爾者，菩薩常懷饒益他心，又常具足無盡財寶，若諸眾生無自惡業能為障礙，何有世間貧窮可得？譬如餓鬼為大熱渴逼迫其身，見大海水悉皆涸竭；非大海過，是諸餓鬼自業過耳。如是菩薩所施財寶猶如大海無有過失，是諸眾生自業過耳，猶如餓鬼自惡業力令無有果。」

觀自在菩薩復白佛言：「世尊！菩薩以何等波羅蜜多，取一切法無自性性？」

業過失，由於眾生有這自業過失！假定不是眾生自業過失的話，菩薩行者常常懷著一顆饒益他人的悲心，同時又具足無空無盡的財寶，如果沒有眾生自業過失能成為障礙，怎麼世間還會有貧窮可得呢？譬如大海中的汪洋大水，本是取之不盡用之不竭的，但在為大熱渴逼迫其身的餓鬼見了，大海中的水卻皆涸竭沒有了；這不是大海的過失，是諸餓鬼自業所蔽的過失呀！由此，菩薩所施財寶猶如大海無有過失，但因眾生自己的罪障深重，不能獲得，猶如餓鬼諸餓鬼自業所蔽的過失而不能得食。」

觀自在菩薩又對佛說：「世尊！菩薩所修的波羅密多有六，但以那一波羅密多能取諸法的無自性性呢？」

佛告觀自在菩薩曰：「善男子！以般若波羅蜜多能取諸法無自性性。」

「世尊！若般若波羅蜜多能取諸法無自性性，何故不取有自性性？」

「善男子！我終不說以無自性性取無自性性。然無自性性，離諸文字自內所證；不可捨於言說文字而能宣說。是故我說般若波羅蜜多能取諸法無自性性。」

佛回答觀自在菩薩：「善男子！唯有以慧為性的般若波羅密多，能取諸法的無自性性。」

「世尊！如果般若波羅密多能取諸法的無自性性，為什麼不能取諸法的有自性性呢？」

「善男子！我始終不會說以無自性性取無自性性的，因而我就說取有自性性了。因為無自性性是離名字語言是內所證的；不可捨於言說文字而能宣說，離文字語言，不可宣說。所以我說般若波羅密多能取諸法無自性性，不說般若能取諸法有自性性。」

觀自在菩薩復白佛言：「世尊！如佛所說波羅蜜多，近波羅蜜多，大波羅蜜多。云何波羅蜜多？云何近波羅蜜多？云何大波羅蜜多？」

佛告觀自在菩薩曰：「善男子！若諸菩薩經無量時修行施等成就善法，而諸煩惱猶故現行，未能制伏然為彼伏，謂於勝解行地軟中勝解轉時，是名波羅蜜多。復於無量時修行施等，漸復增上，成就善法，而諸煩惱猶故現行，然能制伏

觀自在菩薩又對佛說：「世尊！如佛所說波羅蜜多，近波羅蜜多，大波羅蜜多。甚麼是波羅蜜多？甚麼是近波羅蜜多？甚麼是大波羅蜜多？」

佛回答觀自在菩薩：「善男子！如果行菩薩道的菩薩，經過初阿僧只劫的長時間，修行施等的六波羅密多，成就無量的功德善法，仍經常不斷地現行，不能制伏六蔽等的煩惱，且為六蔽等的煩惱所制伏，這個時期是在勝解行地的階段上。所謂勝解行地軟中勝解轉時，是指四加行中的軟位說的，到達這個階段的時候，就名為波羅密多（引導生命進化的初步階段）。行菩薩道的菩薩，此後在無窮

非彼所伏，謂從初地已上，是名近波羅蜜多。復於無量時修行布施等，轉復增上，成就善法，一切煩惱皆不現行，謂從八地已上，是名大波羅蜜多。」

觀自在菩薩復白佛言：「世尊！此諸地中煩惱隨眠可有幾種？」

無盡的漫長時間裏，繼續按照諸種修學方法進修，而又成就無量的善法，這時煩惱雖仍經常不斷地現行，但能制伏煩惱的活動，而不為煩惱所制伏了。由此前進，漸漸的接近大菩提果，所以名為近波羅密多（接近覺悟的階段）。行菩薩道的菩薩，從有功用行的七地進入無功用行的八地以上，又經過第三阿僧只劫的長時間，修行施等的六波羅密多，使所修的施等更加增上，而又成就無量的善法。一切煩惱皆不能現行活動，由煩惱的不現行活動，所以名為大波羅密多（圓滿覺悟的階段）。」

觀自在菩薩又對佛說：「世尊！如上所說的諸地，煩惱隨眠（隨逐行者眠伏不起。隨是隨逐，眠是眠伏。根據小乘的經部、大乘的唯識說，煩惱的種子，叫做隨眠）共有幾種呢？」

佛告觀自在菩薩曰：「善男子！略有三種：一者、害伴隨眠，謂於前五地。何以故？善男子！諸不俱生現行煩惱，是俱生煩惱現行助伴，彼於爾時永無復有，是故說名害伴隨眠；二者、羸劣隨眠，謂於第六、第七地中微細現行，若修所伏不現行故；三者、微細隨眠，謂於第八地已上，從此已去，一切煩惱不復現行，唯有所知障為依止故。」

佛回答觀自在菩薩：「善男子！概略說來共有三類：第一類是害伴隨眠，這是指菩薩修行前五地中那些後天生活中培植起來的邪惡情緒之潛在勢力。為什麼呢？善男子！它們能幫助另外那些與生俱來的煩惱潛勢力，協助它們，使它們發生出現實的作用，所以說這些後天的煩惱勢力是與生俱來的煩惱潛勢力的有害的助伴，所以叫做害伴隨眠；第二類是羸劣隨眠，這些潛勢力在修行的第六地和第七地上或者有微弱的表現活動，或者已被修行人完全控制住了，不再能發生任何現實作用；第三類是微細隨眠，八地以上的菩薩，再沒有煩惱現行，可知就唯有與末那識相俱的所知障為有漏法之所依止，所以說唯有所知障為依止故（煩惱種子雖還存在，但相貌已很難了知，所以名為微細隨眠）。

觀自在菩薩復白佛言：「世尊！此諸隨眠，幾種麁重斷所顯示？」

佛告觀自在菩薩曰：「善男子！但由二種：謂由在皮麁重斷故，顯彼初二，復由在膚麁重斷故，顯彼第三。若在於骨麁重斷者，我說永離一切隨眠，位在佛地。」

觀自在菩薩復白佛言：「世尊！經幾不可數劫能斷如是麁重？」

觀自在菩薩又對佛說：「世尊！像上所說的三種隨眠，幾種粗重又可以分成哪些階段呢？」

佛回答觀自在菩薩：「善男子！大略說來，可分成兩個階段：由斷皮、膚的二種粗重，顯彼三種隨眠的離粗重義。由斷除這一粗重的因緣，就可顯示害伴及羸劣的二種隨眠，離去了粗重的意義。其二，由於這些潛勢力在生命結構裏屬於較深層次裏的內容，若所知障中如在骨裡的最極微細的粗重，運用究竟的解脫道，將它斷盡無餘，就登上最高的佛地了。」

觀自在菩薩又對佛說：「世尊！要經過多少不可稱數的久遠時間才能徹底消除掉這些粗重呢？」

佛告觀自在菩薩曰：「善男子！經於三大不可數劫、或無量劫，所謂年、月、半月、晝夜、一時、半時、須臾、瞬息、剎那量劫不可數故。」

觀自在菩薩復白佛言：「世尊！是諸菩薩於諸地中所生煩惱，當知何相？何失？何德？」

佛告觀自在菩薩曰：「善男子！無染污相。何以故？是諸菩薩於初地中，定於一切諸法法界已善通達，由此因緣，

佛回答觀自在菩薩：「善男子！斷皮、膚、骨的三種粗重，要經三大阿僧只劫、或無量劫，所謂年、月、半月、晝夜、一時、半時、須臾、瞬息、不可稱數的久遠時間是無法用數字表示出來的。」

觀自在菩薩又對佛說：「世尊！菩薩行者在菩薩階位上新生起來的煩惱，它的表現特徵是怎樣的？它會引起過失嗎？它自身還有其他功用嗎？」

佛回答觀自在菩薩：「善男子！無染污相。是什麼道理呢？**菩薩覺者，自入初地以後，就專注於所緣境，對於一切諸法的法界，善巧通達了，由此因緣，若是出觀生起煩惱，那他也知煩惱的過失所**

菩薩要知方起煩惱非為不知，是故說名無染污相。於自身中不能生苦，故無過失。菩薩生起如是煩惱，於有情界能斷苦因，是故彼有無量功德。」

觀自在菩薩復白佛言：「甚奇！世尊！無上菩提乃有如是大功德利，令諸菩薩生起煩惱，尚勝一切有情、聲聞、獨覺善根，何況其餘無量功德？」

在，而不為他所擾，不是不知而妄生煩惱的，所以叫做無染汙相。菩薩所有的煩惱，現起的不染汙，不由他引生身心的痛苦，無苦就無過失可言。菩薩本可不起煩惱的，但為解決眾生的痛苦，故意生起煩惱，使眾生見到菩薩的煩惱現前，發心修行斷除眾苦，所以菩薩現起煩惱，不但沒有罪惡，且有無量功德。」

觀自在菩薩又對佛說：「很奇特很稀有的！世尊！最高無上的菩提會有這樣大的功德義利，單以使諸菩薩生起煩惱所得的善根，已經勝過一切有情所修的善根，勝過聲聞、獨覺所修的善根，何況更能使諸菩薩修習其餘的無量功德呢？」

觀自在菩薩復白佛言：「世尊！如世尊說：『若聲聞乘、若復大乘，唯是一乘。』此何密意？」

佛告觀自在菩薩曰：「善男子！如我於彼聲聞乘中，宣說種種諸法自性，所謂五蘊、或內六處、或外六處，如是等類；於大乘中，即說彼法同一法界、同一理趣，故我不說乘差別性。於中或有如言於義妄起分別，一類增益，一類損減。又於諸乘差別道理，謂互相違，

觀自在菩薩又對佛說：「世尊！如世尊最初在阿含會上說：『聲聞乘，次後在般若等會上廣說菩薩乘，而最後到了法華會上又說若聲聞乘、若菩薩乘，惟是一佛乘。』其間有什麼密意所在呢？」

佛回答觀自在菩薩：「善男子！如我過去在聲聞乘中，常常的宣說種種諸法的自性，如有時說五蘊的諸法自性，有時說內六處的諸法自性，有時說外六處的諸法自性；雖說有這種種差別的諸法自性，但我一到大乘法中，就又說這差別的諸法自性，是同一法界的，都是約這同一法界、同一理趣說的，因此我不說乘差別性。不理解密意的人，就如言執義的妄起這樣的分別：有的最初聽我說出三乘，就一定執著三乘是真實的，三乘是一向不同

如是展轉遞興諍論。如是名為此中密意。」

的，不承認有什麼不定種姓可以成佛，這種執著名增益執。有的聽我後來說出一乘，就一定執著一乘是真實的，一切眾生都可成佛的，並沒有什麼不成佛的趣寂聲聞，這種執著名損減執。又於諸乘的差別道理，是互相相違的，所以就輾轉地興起諍論。這個道理，為此中密意。」

第05卷

如來成所作事品第八

佛為教化眾生的化身而有「生起」，
那麼法身是否也有「生起」這一概念呢？

證成道理分為清淨及不清淨的，
不清淨的有哪些呢？

【釋題】

此品說明如來法身相及其化身事業，故名為〈如來成所作事品〉。

【要義】

世尊為曼殊室利菩薩解說如來成辨的種種事業，以如來法身及化身的圓滿功德，以明此如來成所作事了義之教。全品內容有十二部分：一、分別法身相；二、如來化身生起相；三、如來言音差別；四、如來心（受用身之心）生起相；五、如來化身有心無心；六、如來所行與如來境界區別；七、如來成佛、轉法輪、涅槃相；八、如來為諸有情作緣之差別；九、如來法身與二乘解脫身的不同；十、如來威德住持有情相；十一、淨土與穢土何事易得、何事難得；十二、依教奉持功德，顯示了佛果三身的不同作用。

爾時，曼殊室利菩薩摩訶薩請問佛言：「世尊！如佛所說如來法身，如來法身有何等相？」

佛告曼殊室利菩薩曰：「善男子！若於諸地波羅蜜多，善修出離，轉依成滿，是名如來法身之相。當知此相，二因緣故不可思議：無戲論故，無所為故。而諸眾生計著戲論，有所為故。」

那時，曼殊室利菩薩摩訶薩請問佛說：「世尊！您曾經說如來法身，如來法身有什麼特徵呢？」

佛陀告訴曼殊室利大菩薩說：「善男子！你如果依照菩薩階位上那些能引導生命進化的修學方法去實踐，從染污生命真實本性的事物中漸漸脫離出來，轉化流轉變異中的現實生命，依據最高最圓滿的覺悟，稱之為如來法身。你們應當知道，由於兩個原因，**要去陳述法身的特徵是極其困難的**，這兩個原因是：**世俗生命中的知識總是遠離於真理之外，我們自認為在認識真理，實際上只是在世俗的名稱、概念、命題、觀念等做無謂的遊戲，法身是**

「世尊！聲聞、獨覺所得轉依，名法身不？」

「善男子！不名法身。」

「世尊！當名何身？」

「世尊！當名何身？」

「善男子！名解脫身。由解脫身故，說一切聲聞、獨覺與諸如來平等平等；由法身

無戲論，因為是無所為的。其次，**眾生總是圍繞生存問題而運轉，計執於無謂的戲論，因為現實生命的一切動機無皆在於有所為的實用主義的因果網絡之中。**」

曼殊室利菩薩又問佛陀說：「世尊！聲聞及獨覺，所得之轉依，也可以稱作法身嗎？」

佛陀回答說：「善男子！二乘人之轉依，不能叫做法身。」

曼殊室利菩薩接著問：「世尊！那麼他們獲得何種身呢？」

「善男子！這些修行人獲得的生命可以稱為解脫身。因為解脫身，可以說聲聞、獨覺人與圓滿覺悟的佛之間是完全平等的；可是根據與真理相應的

故，說有差別。如來法身有差別故，無量功德最勝差別，算數譬喻所不能及。」

曼殊室利菩薩復白佛言：「世尊！我當云何應知如來生起之相？」

佛告曼殊室利菩薩曰：「善男子！一切如來化身作業，如世界起一切種類；如來功德眾所莊嚴，住持為相。當知化身相有生起，法身之相無有生起。」

法身，這三種修行人之間就大有差別了。因為和如來法身同聲聞、獨覺人所獲得的解脫身相比，他們在道業上的差別極其巨大，無量功德最勝差別，是語言無法稱說、數字無法計算的。」

曼殊室利菩薩又稟告佛陀說：「世尊！我應當如何了解如來生命發生時的情況呢？」

佛陀告訴曼殊室利大菩薩說：「善男子！一切如來變現他們的身體到宇宙世界裡去做各種各樣的救濟眾生之事業，這就像大地上諸種因緣條件輾轉變化萬事萬物的生機；**如來所變現的生命是由各種莊嚴事業積聚起來的，他是絕對真理在生存世界上的完美體現。你應當知道，對於佛為教化眾生的化身有生起，但法身沒有生起這一概念。」**

曼殊室利菩薩復白佛言：「世尊！云何應知示現化身方便善巧？」

佛告曼殊室利菩薩曰：「善男子！遍於一切三千大千佛國土中，或眾推許增上王家，或眾推許大福田家，同時入胎、誕生、長大、受欲、出家、示行苦行、捨苦行已成等正覺，次第示現。是名如來示現化身方便善巧。」

「曼殊室利！若於是處，我依攝事顯示諸法，是名契經。

曼殊室利菩薩又稟告佛陀說：「世尊！我應該如何了解如來示現化身方便善巧究竟是怎樣的呢？」

佛陀告訴曼殊室利菩薩說：「善男子！佛在三千大千世界這個屬於他教化範圍內的種種生命存在的地方，或者選擇握有巨大權力的貴族家庭，或者選擇那些家資殷豐而又樂善好施的人家，他進入母胎、誕生、長大、娶妻生子、離開家庭志意向道、尋求苦行的方式去達到解脫、摒棄苦行的方法成就最高最圓滿的覺悟，以上幾個生命階段按次序顯現，這就是如來示現化身方便善巧。」

佛陀說：「曼殊室利！如果我把同一性質的事物放在一起，分門別類地給予解說，這樣來分析一

謂依四事，或依九事，或復依於二十九事。

云何四事？一者、聽聞事；二者、歸趣事；三者、修學事；四者、菩提事。

云何九事？一者、施設有情事；二者、彼所受用事；三者、彼生起事；四者、彼生已

切存在現象的經典就叫做經藏契經（謂經文契人之機，合法之理）。我有時根據四樣事物分析存在現象，有時根據九樣事物分析存在現象，甚至有時根據二十九樣事物來分析存在現象。

究竟是哪四樣事物呢？第一是聽聞事，思考教法；第二是歸趣事，歸敬佛親證的真理及佛施設的教法；第三是修學事，指幫助眾生展開現實修行活動的戒律學、禪定學和智慧學；第四是菩提事，走向真理的具體方法，由趣修菩提分法的因緣，證得最高無上的佛果。

是哪九樣事物呢？第一、施設有情事。佛法施設有情，謂以名色，或五蘊、六處、六界的精神與物質的和合，組成生命的現象，是構成生命現象的

住事；五者、彼染淨事；六者、彼差別事；七者、能宣說事；八者、所宣說事；九者、諸眾會事。

五種成分聚集體；第二、彼所受用事。彼指有情的生命，有生命，就有能受用的六根，有能受用的六根，自然就有所受用的六塵，這所受用的六塵；第三、彼生起事。由名色的組合，生命生起，是緣於十二緣起而生起的。第四、彼生已住事。生命生起已後，還要在這世間住一時期，一切有情，由食維持生命、彼染淨事。第五、彼染淨事。是關於染污生命的狀態、原因以及淨化生命的狀態、原因的描述，這就是四種真理的相關教法，第六、彼差別事。是對宇宙世界中各種存在現象的一個總體分類，包括自然界、生命現象、真理教法、真實的生命狀態、諸種走向真理的修學方法等五大類；第七、能宣說事。是能陳說真理的覺者，即佛，第八、所宣說事。

云何名為二十九事？謂依雜染品有：攝諸行事，彼次第隨轉事，即於是中作補特伽羅想已，於當來世流轉因事，作是想已，於當來世流轉因事。依清淨品有：繫念於所緣事，即於是中勤精進事，心安住事，現法樂住事，超一切苦緣方便事，彼遍知事。此復三種：顛倒遍知所依處故，依有情想外

是被陳說的真理，即教法；第九、諸眾會事。是參與佛教會的大眾，這包括貴族、出家修行人、有學問的人、有財勢的人、四種天界生命等。

究竟是哪二十九樣事物呢？先說雜染的四類：一、組織生命自體的五蘊，能總攝有為法的雜染諸行，所以名為**攝諸行事**。二、彼之雜染諸行，在生死流中，是次第隨轉的，這次第隨轉的現象，就是十二因緣，平常總合十二因緣為煩惱、業、生的三雜染，就是此意，所以名為**彼次第隨轉事**。三、於諸雜染行中，假使把攝諸行的五蘊，作為補特伽羅的實在自我看，一切以自我為中心，那就要起惑造業，成為當來世的流轉之因了，所以名為即於是中作補特伽羅想已，**於當來世流轉因事**。四、於諸

有情中邪行遍知所依處故，內離增上慢遍知所依處故。修依處事，作證事，修習事，令彼堅固事，彼行相事，彼所緣事，已斷未斷觀察善巧事，彼散亂事，彼不散亂事，不散亂依處事，不棄修習劬勞加行事，修習勝利事，彼堅牢事，攝聖行事，攝聖行眷屬事，通達真實事，證得涅槃事，於善說法毘奈耶中世間正見超昇一切外道所得正見頂事，及即於此不修退事，於善說法毘奈耶中不修

雜染行中，假使把次第隨轉的十二因緣，作為自性實有的諸法看，一切以實法為中心，也就要起惑造業，成為當來世的流轉之因了，所以名為作法想已，**於當來世流轉因事**。雜染品的四事有：一、世間善事，本也很多的，以先聞正法為第一要事。於聽聞正法後，若能以正法為所緣而繫念不忘，就可完成聞所成慧，這聞慧的完成，全賴繫念所緣正法的力量，所以名為**繫念於所緣事**。二、於先所聞的正法，再作合法合理的思惟考察，精進不懈的推求審度，就可完成思所成慧，這思慧的完成，是由勤加精進推求的功能，所以名為**勤精進事**。三、行者從聞而思以後，得到欲界的未至定，就能使向外奔放的心意，安然的住於所緣的正法上，不再向外馳

習故，說名為退，非見過失，故名為退。」

騁，名為**心安住事**。四、行者的內心，即由欲界的未至定而住於所緣的正法上，進而當可得到初禪以及初禪以上的根本禪，於禪定中得到身心輕安，享受禪定中的現法妙樂，所以名為**現法樂住事**。這又有三種不同：（一）世間是苦的，但無知的眾生，不知苦之為苦，反而以苦為樂，這就成為非樂計樂的顛倒了，假使能從顛倒所依的地方了知純苦無樂，不再為他所惑，就名顛倒遍知所依處了。（二）三界中的有情生命，本為各自業力所構成的，但印度有很多的外道，說由大梵天或大自在天所生的，大梵或自在是有情的主宰，我人若欲得生梵天，必須持牛戒、狗戒，吃草、吃糞以自苦其身，方能如願以償。怎麼知道這種想法與做法，是錯誤的不正

確的邪行，如果知道那色界是邪行所依止的地方，仍是苦痛的源泉，是決不會這樣妄計的，所以名為依有情想外有情中，邪行遍知所依之處。（三）印度有類外道，修成四無色定，以為是得到了解脫，證到了聖果，殊不知這完全是未得謂得、未證謂證的增上慢，若依佛法修諸禪定，知道四無色處，不是究竟解脫，就不會生起增上慢了。既因無色定而起增上慢，可知無色定，就是慢所依止之處，也就是苦痛的所在，所以名為內離增上慢遍知所依之處。修依處事是遍斷集諦，作證事是證滅諦，修習事是修道諦。總觀、別行四諦，都名方便事者，因為皆是加行位中順解脫分所修的。行者由於修習順解脫分的因緣，如是小乘，就可因此證得我空位登初果而不退了；如是大乘，就可因此證得我法二空位登初地而不退了。見道以後不再退墮，說名堅固，所以名為堅固事。此彼行相事，就是相見道。相見道中所緣的四諦十六行相，名為彼所緣事。見道的聖者，觀察自己斷除了見惑，固很欣喜慶慰，但見到未曾斷除的思惑，並不怎樣憂愁，且能進一步的精勤用功，以期漸次的解決他，所以名為彼已斷未斷觀察善巧事。從堅固到觀察善巧的四事，不論他行相怎樣不同，而都是見道中事，這必須知道。從見道進入修道，為了解決前所未斷的思惑而更修正道的緣故，不免要使內心散亂，所以名為彼散亂事。在修道的過程中，未入定時固要散亂，若住定中則散亂就無有了，所以名為彼不散亂事。要得真正的不散亂，必須有他的所依處，這就是根本禪定，所以名為不散亂所依處事，在修道中，既要與煩惱賊搏鬥，當然就得精進勇猛不畏勞苦的前進，由這樣的精進前進，就可二果向、二果、三果向、三果、四果向的這樣位位增進了，所以說修習劬勞加行事。這四事雖也行相差別，但同為修道中事，這應要知道的。十四、從修道的不斷修習中，就得入於涅槃城中，入涅槃後，不會再退，就得最後的勝利，所以說修習勝利事。十五、既得最後勝利，不再退墮，其涅槃城，當很堅固而牢不可破了，所以說堅牢事。十六、行者得到聖果，不但是證涅槃而已，而且還有菩提智，這菩提智，就是聖者的聖行，所以名為聖行。十七、菩提不是孤獨的，他還有他的眷屬，這眷屬，就是一切福慧，所以名為攝聖行眷屬事。十八、由菩提的聖智，通達一切諸法的如實真理，名為通達真實事。十九、上說得涅槃後不退而得勝利，是側重在勝利方面說，這證得涅槃事，是約究竟證得涅槃方面說。從得勝利至證涅槃的六事，雖說法不同，但同為解脫道中事，這不可不知。二十、佛所說法，可分為二大流：從修善行而悟入真實方面說，是佛的教授或名為法；從能止惡而調伏身心說，是佛的教誡或毗奈耶。佛說此法、律的重心所在，在使世間的眾生，得到究竟唯一的正見，由這正見超勝外道的一切邪見，所以本經名為正見頂事。二十一、無緣遇到佛法，不依佛法而行，當然沒有問題，假使有緣遇到佛法，而

「曼殊室利！若於是處，我依聲聞及諸菩薩，顯示別解脫及別解脫相應之法，是名調伏。」

「世尊！菩薩別解脫，幾相所攝？」

「善男子！當知七相：一

又不能遵照佛法修習，那就不但不能在佛法中得到勝利，而且還要退隨下去，一個人雖然有正知正見，但他不能認真地改變自己的精神結構，不能認真地從事淨化生命的實踐，這就已經是從真理的道路上退回來了。」

「曼殊室利！我在有些經典中為體會聲聞及諸菩薩，各自制定了一些他們應該遵守的戒律（別解脫），與此同時也陳述了與戒律相關的事物（別解脫相應之法），合此二者，稱為調伏（律儀，也就是個己的道德行為）。」

「世尊！菩薩的律儀有幾種行相呢？」

「善男子！當知有七種：一、宣說受軌則事。

者、宣說受軌則事故；二者、宣說隨順他勝事故；三者、宣說隨順毀犯事故；四者、宣說有犯自性故；五者、宣說無犯自性故；六者、宣說出所犯故；七者、宣說捨律儀故。

不論是受比丘戒或菩薩戒，都有法定的軌律與儀式。二、宣說隨順他勝事。他勝事，就是四他勝處法，為菩薩戒中最重要最根本的戒律，受者如能堅持不犯，即為勝他，假使受者不守反為他惡法所勝。三、宣說隨順毀犯事。受戒者要想得到完全無犯，這是不容易的，但犯戒的時候，所犯是輕是重，在比丘戒及菩薩戒中，也有極明確的規定的。四、宣說有犯自性事。凡未得到聖果的凡夫，雖不一定會個個犯戒，但可說個個都有犯戒的可能性，如要不犯，就得時時防範。五、宣說無犯自性事。凡已證得聖果的聖戒，由於有定、道的攝持，自然而然不再毀犯。六、宣說出所犯事。犯戒，在凡夫位上既不能免，犯後，就得如法懺悔，祈求所犯的罪惡

曼殊室利！若於是處，我以十一種相決了分別顯示諸法，是名本母。何等名為十一種相？一者、世俗相；二者、勝義相；三者、菩提分法所緣相；四者、行相；五者、自性相；六者、彼果相；七者、彼領受開示相；八者、彼障礙法相；九者、彼隨順法相；十者、彼過患相；十一者、彼勝利相。

消除。七、宣說捨律儀事。捨謂捨棄，如發心出家而受比丘戒者，後以特別因緣，捨戒還俗，或有善根薄弱不信三寶轉信外道，捨去正見。

曼殊室利！在一些經典中，我從十一個方面來分別顯示存在現象，這部分經典就叫做「論藏」（本母就是論藏。母有能生義，因為諸論能夠詳細的決了分別明確顯示諸法的法相，使人認識宇宙萬有的現象是什麼，所以名為本母）。是哪十一個方面呢？第一是世俗相；第二是勝義相；第三是菩提分法所緣相，是三十七條引向真理的認識方法各自所研究的事物；第四是行相，討論八個類別的事物；第五是自性相，走向真理的方法本身；第六是彼果相，消除一切痛苦煩惱後所獲得的功德；第七是彼

世俗相者，當知三種：一者、宣說補特伽羅故；二者、宣說遍計所執自性故；三者、宣說諸法作用事業故。勝義相者，當知宣說七種真如故。菩提分法所緣相者，當知宣說遍一切種所知事故。

領受開示相，如何接受覺者的智慧，又如何把覺者的智慧傳達給他人；第八是彼障礙法相，能夠染污修行方法的一些事物；第九是彼隨順法相，實現真理的方便手段；第十是彼過患相，指那些染污修行方法的事物所帶來的錯失；第十一是彼勝利相，指實現真理的方便手段所帶來的勝利成果。

世俗相，當知有三種：一、宣說補特伽羅（謂諸有情數數不斷在生死流中取於諸趣的報身）；二、宣說遍計所執自性；三、宣說諸法作用事業（說眾生在生死中輪迴，有造作諸業的作者，有感受果報的受者，有所造作的諸業）。勝義相就是一切法空所顯的真如。就所顯的真如說，原只一個真如，就能顯的法說，那就有七種真如的差別了：

道理者，當知四種：一者、觀待道理；二者、作用道理；三者、證成道理；四者、法爾道理。觀待道理者，謂若因若緣，能生諸行，及起隨說，如是名為觀待道理。作用道理者，謂若因若緣，能得諸法，或能

一、流轉真如，二、邪行真如，三、清淨真如，四、正行真如，五、唯識真如，六、實相真如，七、安立真如。菩提分法（證得無上正等正覺的聖者，獲得圓滿的菩提果智）所緣相者，當知宣說以此無分別的菩提果智，遍知真、俗二諦及真、俗不二等事，為遍一切種所知事。

所謂**道理**，當知有這四種：其一是**原因與結果相互依存的道理；其二是事物在一定條件下發生作用的道理；其三是為了成立一個論點，選擇適當的論據、組織適當的論式去證明它，這是有關邏輯學的道理；四是指事物本來如是的樣子**。所謂觀待道理，觀待，是約兩法而言，就是觀此待彼之意，二者有相互的關係。若因若緣能生諸行者，諸行是指

成辦，或復生已作諸業用，如是名為作用道理。證成道理者，謂若因若緣，能令所立、所說、所標、義得成立，令正覺悟，如是名為證成道理。

又此道理略有二種：一

的一切有為法，諸有為法，無不仗因托緣而生，生起思想言說，見此說彼，見彼說此，如是稱之為觀待道理。所謂作用道理，作用，就是一種功能業用，這功能業用，一定條件下發生作用的道理，在修行者沒有得定以前，必然的先求得定的因緣，這得定的因緣得到後，沒有得到的定就可得到了，由得定而使定圓滿，由定圓滿而使定成辦，由定成辦，或復生已作諸業用，如是稱之作用道理。所謂證成道理，即邏輯學的道理，是通過一定的方式使你自己的論點得到證明，所以所立、所說、所標之義，得以成立，同時也藉此讓別人發生覺悟。如是稱之為證成道理。

證成道理大略又有兩種：一者、清淨；二者不

者、清淨；二者不清淨。由五種相名為清淨，由七種相名不清淨。

云何由五種相名為清淨？一者、現見所得相；二者、依止現見所得相；三者、自類譬喻所引相；四者、圓成實相；五者、善清淨言教相。

清淨。根據五個特徵，我們說某一論證方式是清淨的；根據七個特徵，我們說這一論證方法是不清淨的。

那些是**五種證成道理的清淨相**？一者、**現見所得相**，論式成立的內容是我們日常感覺知覺可以感受到的；二者、**依止現見所得相**，雖然我們的感知功能無法直接感受到，但可以在感知經驗基礎上類推到的；三者、**自類譬喻所引相**，可以引同類事物作例證的；四者、**圓成實相**，論式的每一個成分、論證的每一個步驟都是完全具足、圓滿成立的；五者、**善清淨言教相**，就是聖教量。言教，即以口頭的言說，教授於人。凡內蘊理論而外以言說教導於人，都可稱為言教。立者所說的道理，究竟清不清淨，看他合不合乎正量。

現見所得相者，謂一切行皆無常性，一切行皆是苦性，一切法皆無我性，此為世間現量所得。如是等類，是名現見所得相。

依止現見所得相者，謂一切行皆剎那性，他世有性，淨不淨業無失壞性。由彼能依麁無常性，現可得故。由諸有情種種差別，依種種業現可得故，由諸有情若樂若苦，淨不淨業以為依止，現可得故。由此因緣，於不現見可為比度。如是

現見所得，就是現量所得的意思。現實所見的諸有為法，是演變不息生滅不停的遷化無常性，由無常演變而產生的生老病死的苦痛性，了知眾緣和合無常故苦的諸法無我性，都是人現實的直覺的知識所認識的。以上這些類型，稱為現見所得相。

依止現見所得相，就是在最短的時間單位裡，生命活動也是生生滅滅、變動不居的，未來世是存在的、淨不淨業都不會馬上消失掉，它們會在一定條件下繼續發揮其影響，要想認識，必須依止現見所得的粗相無常性，運用內在的意識分別推度而可得知。由有情種種差別，依種種業現可得這種種因緣，的確看到生命有痛苦、也有歡樂，良善與邪惡，由這種種因緣，可以現見。**可以知道，那些不克現**

等類，是名依止現見所得相。

自類譬喻所引相者，謂於內外諸行聚中，引諸世間共所了知所得生死以為譬喻，引諸世間共所了知所得生等種種苦相以為譬喻，引諸世間共所了知所得不自在相以為譬喻，又復於外引諸世間共所了知所得衰盛以為譬喻。如是等類，當知是名自類譬喻所引相。

圓成實相者，謂即如是現

見的事物，由這可以現見的事物，比量推度是能得知的。以上這些類型，稱為依止現見所得相。

自類譬喻所引相，就是譬喻量所得的意思，以這世間所共了知的生老病死的憂悲苦惱為譬喻，以證明世間的一切眾生，無不具有逼迫的苦痛相。這個事實已成為大家的共識，我們就由這一事實作為例證，說明我們自己的生命在現實存在中也充滿了痛苦煩惱，這個事實已成為大家的共識，我們就由這樣一個事實作為例證，說明我們自己的生命也必然是有盛有衰的，因此企求用種種手段來保護它，追求長生不老，這些觀念當然也就是錯誤的。當知這就叫做自類譬喻所引相。

圓滿具足的論證方法，就是我們以我們自己的

見所得相，若依止現見所得相，若自類譬喻所得相，於所成立，決定能成，當知是名圓成實相。

善清淨言教相者，謂一切智者之所宣說，如言涅槃究竟寂靜，如是等類，當知是名善清淨言教相。

善男子！是故由此五種相故，名善觀察清淨道理，由清淨故，應可修習。」

曼殊室利菩薩復白佛言：「世尊！一切智相者，當知有幾種？」

感知經驗、感知基礎上的推理以及同類事物的例證等來作為論據，不論是現量所得、比量所得、譬喻量所得，對於所要成立的道理，決定是都能夠成立的，應當知道這是名圓成實相。

善清淨言教相，就是一切智者之所宣說，為善清淨言教相，若是說涅槃究竟寂靜，既不能用譬喻來說明他，也不能用比量去推度他，更不可以現量去說善清淨言教相。

善男子！因此，如上所說的五種相，名為善觀察清淨道理，由於這些是清淨的，應當多多學習。」

曼殊室利菩薩又問佛說：「世尊！善清淨言教相，必須是一切智者之所宣說的才是，一切智者有哪幾種呢？」

佛告曼殊室利菩薩曰：

「善男子！略有五種：一者、若有出現世間一切智聲，無不普聞；二者、成就三十二種大丈夫相；三者、具足十力，能斷一切眾生一切疑惑；四者、具足四無所畏宣說正法，不為一切他論所伏，而能摧伏一切邪論；五者、於善說法、毘奈耶中，八支聖道、四沙門等，皆現可得。如是生故，相故，斷疑網故，非他所伏能伏他故，聖道、沙門現可得故，如是五

佛回答曼殊室利菩薩說：「善男子！一切智者有五種特質：一、一個聖者出現世間，在他出現以後不久，而他的一切智的名聲，立刻就傳播世間悉皆普聞；二、這位智者須成就三十二種的大丈夫相，謂能擔當大事，普渡眾生；三、亦須具足十種大智慧力，以此大智慧力，斷除一切眾生的疑惑。所謂十力，就是：是處非處力，知種種業力，知禪定力，知眾生好樂力，知眾生性力，知修道所至力，宿命智力，天眼力，漏盡力；四、具足四無所畏，以此四無所畏的智力，宣說正而不邪的大法。所謂四無所畏，就是：一切智無畏，諸漏盡無畏，說苦盡道無畏，說障盡道無畏。前二是屬自利的無畏，後才是屬利他的無畏；五、要能夠善說法

種，當知名為一切智相。

善男子！如是證成道理，由現量故、由比量故、由聖教量故。由五種相，名為清淨。

云何由七種相名不清淨？一者、此餘同類可得相；二者、此餘異類可得相；三者、一切同類可得相；四者、一切異類可得相；五者、異類譬喻所得

及毗奈耶。在善說法中，要現有正見及正定的八正道行，在善制的毗奈耶中，要完成四沙門果，由法、毗奈耶，名聖道、沙門現皆可得。能夠徹底消除眾生的愚昧無知、其教法能伏外道、聖道沙門現世即得成就，具此五相，應當知道這是一切智者之相。

善男子！**這些證成道理，是結現見所得相的現量證成、是結依止現見所得相的比量證成、是結善清淨言教相的聖教證成。這五種相可稱其為清淨相。**

證成道理，不清淨相是哪七種情況？第一種情況是此餘同類可得相，當用一個論據去論證論點時，論點所概括的同類事物中有一些事物，這些事物身上不具備論據提出來作為推理前提的事物特性；第二種情況是此餘異類可得相，當用一個論據

相；六者、非圓成實相；七者、非善清淨言教相。

去論證論點時，論點概括範圍之外的異類事物中有一些事物，這些事物身上具有論據提出來作為推理前提的事物特性；第三種情況是一切同類可得相，當用一個論據去論證論點時，論點所概括的同類事物和論點範圍之外的異類事物身上都有論據提出來作為推理前提的事物特性；第四種情況是一切異類可得相，當用一個論據去支持論點時，涉及論據所提出作為推理前提的事物特性的，只有一個事物，這一論據不具有普遍概括性，它根本就不能用來支持論點；第五種情況是異類譬喻所得相，當用一個論據去論證論點時，論點所概括的同類事物以及論點範圍之外的異類事物中都各有一部分事物，這些事物身上具有論據提出來作為推理前提的事物特

若一切法意識所識性，是名一切同類可得相，若一切法相性業法因果異相，由隨如是

性，而其他一部分事物身上則不具備這一特性，在這種情況下，根本就無法展開推理；第六種情況是非圓成實相，當成立一個論式時，論式中卻缺少了關鍵性的一個成分，即作為全部推理基礎的論據，這樣的論式應被看成是有缺失的論式：第七種情況是非善清淨言教相，當人們企圖用論式把我教法中的道理組織起來，可是在具體組織論證過程時又犯了上面所述的諸種毛病，這樣被組織起來的教法論式也應被同樣看成是非善清淨，是錯誤的、有染污的。

如一切法的意識所識性，稱為一切同類可得相，是在一切法上都相通的，假使以這通於一切的意識所識性去成立什麼法，無論怎樣，是不得成

一一異相，決定展轉各各異相，是名一切異類可得相。善男子！若於此餘同類可得相，及譬喻中有一切異類相者，由此因緣，於所成立非決定故，是名非圓成實相。又於此餘異類可得相，及譬喻中有一切同類相者，由此因緣，於所成立不決定故，亦名非圓成實相。非圓成實故，非善觀察清淨道理，不清淨故，不應修習。若異類譬喻所引相，若非善清淨言教相，當知體性皆不清淨。

的，是有過而不清淨的。因為意識所識性，是遍於色等無常及虛空常住的，就決定不能成立，而為一切同類可得的不清淨相了。若一切法相性業法因果異相，由隨如是一一異相，決定輾轉各各異相，稱為一切異類可得相。善男子！若於此餘同類可得相，及譬喻中有一切異類相者，現以個別所具的性，去成立共同的有為諸行是無常，這怎麼得成呢？所以說由此因緣，於所成立非決定故，是名非圓成實相。因非圓成實，非善觀察清淨道理，不清淨，就不值得我們學習。若異類譬喻所引相，若非善清淨言教相，我們也就應當知道一切體性都是不清淨的了。

法爾道理者，謂如來出世，若不出世，法性，安住、法住，法界，是名法爾道理。

總別者，謂先總說一句法已，後後諸句差別分別究竟顯了。

自性相者，謂我所說有行有緣，所有能取菩提分法，謂念住等，如是名為彼自性相。

事物本來如是的樣子，是指不管與真理相應的如來出現或不出現於世間，一切存在都各各持守著自己的本性，一切存在都在自己的類別裏，他所親證的道理只不過是事物中本具道理的顯現而已，覺者並不創造存在中不存在的道理。

我總是先總說，後以其他的諸句，對先所說的加以差別的解釋，分別的說明，使那總句的意義，究竟圓滿的顯了。

佛所說的法，行者依之去學習時，一方以其為所緣，一方也就以其為所修的觀行。如佛說的所有能取彼果的菩提分法(四念住、四正勤、四如意足、五根、五力、七菩提分、八聖道分的三十七道品)，就是行者所緣、所行的。依這而緣而行，稱為彼自性相。

彼果相者，謂若世間若出世間，諸煩惱斷，及所引發世出世間諸果功德，如是名為得彼果相。

彼領受開示相者，謂即於彼，以解脫智而領受之，及廣為他宣說開示，如是名為彼領受開示相。

彼障礙法相者，謂即於修菩提分法，能隨障礙諸染污法，是名彼障礙法相。

彼果相者，指世間或出世間，諸煩惱斷（彼指菩提分法；果有所斷果及所得果的兩種），由修三十七菩提分法的因緣，能夠斷除世間出世間的一切煩惱，由斷諸煩惱而得的果，名為所斷果，煩惱斷除以後，引發世出世間諸果功德，這斷、得二果，這叫做彼果相。

彼（彼指所斷、所得的二果）領受開示相者，由所斷果而得寂滅樂的利益，由所得果而得覺法樂的利益。得此解脫利樂以後，就運用解脫智去領受他，廣為他人宣說開示，這就叫做彼領受開示相。

彼（彼指所修的菩提分法）障礙法相者，意謂在修菩提分法的過程中，要沒有任何障礙，才能順利的開展如果一有障礙現前，進修固已困難，這是彼障礙法相。

彼隨順法相者，謂即於彼多所作法，是名彼隨順法相。

彼過患相者，當知即彼諸障礙法所有過失，是名彼過患相。

彼勝利相者，當知即彼諸隨順法所有功德，是名彼勝利相。」

曼殊室利菩薩復白佛言：「唯願世尊為諸菩薩略說契經、調伏、本母、不共外道陀羅尼

彼隨順法相者，隨順法，就是資助念住等的法，更能多多的聽聞不淨、諸苦、無常、無我的教理，或多多的思惟這些教理，使所修的四念住，更得增進，這叫做彼隨順法相。

彼過患相者，過患，就是種種的過失，當知即彼諸障礙法所有過失，名為彼過患相。

彼勝利相者，勝利，就是種種的功德。當知由成就所行而得種種的功德，稱為彼勝利相。」

曼殊室利菩薩又問佛說：「希望世尊能為諸菩薩略說契經（謂經文契人之機，合法之理）、調伏、本母（論藏）、不共陀羅尼（凡是可以總持一切法

義，由此不共陀羅尼義，令諸菩薩得入如來所說諸法甚深密意。」

佛告曼殊室利菩薩曰：「善男子！汝今諦聽，吾當為汝略說不共陀羅尼義，令諸菩薩，於我所說密意言詞能善悟入。」

「善男子！若雜染法、若清淨法，我說一切皆無作用，亦都無有補特伽羅，以一切種

的，都可叫做陀羅尼，如圓覺、法界、實相、法性等），由此不共陀羅尼義（簡別外道），令諸菩薩得入如來所說諸法最甚深的密意。」

佛陀告訴曼殊室利菩薩說：「善男子！你現在專心聆聽，我現在要把陀羅尼（凡是可以總持一切法的，都可叫做陀羅尼，如圓覺、法界、實相、法性等）的意義顯明區別於一切世間學理系統的根本宗旨全盤托出，我希望令菩薩行者能理解，從我所說具有深奧意蘊的言詞中，不可執著表面文字而於真理悟入於會心。」

「善男子！我把存在著的一切現象分為雜染法、清淨法，在這兩類存在活動中都找不到真正實在的作用，也都沒有固定實體存在著，因為那真實

離所為故。非雜染法先染後淨，非清淨法後淨先染，凡夫異生，於麁重身，執著諸法、補特伽羅自性差別，隨眠妄見以為緣故，計我我所；由此妄見，謂我見、我聞、我嗅、我嘗、我觸、我知、我食、我作、我染、我淨，如是等類邪加行轉。若有如實知如是者，便能永斷麁重之身，獲得一切煩惱不住，最極清淨，離諸戲論，無為依止，無有加行。善男子！當知是名略說不共陀羅尼義。」

圓滿的知識是遠遠捨棄一切生滅、變化和因果作用的，既不能說先有了染污性的生命活動，然後才有淨化性的生命活動，也不能說生命的淨化狀態是從染污狀態中轉變出來的。凡夫總是執著有補特伽羅的存在，由於這些錯誤的觀念，他們就在生命現像上橫加執著，說這是『我』，這是『我所』；由此妄見，說『我』看見，『我』聽見，『我』嗅到，『我』嚐到，『我』接觸到，『我』認識，『我』的營養成分，『我』的行為，『我』染污了，『我』淨化了，如此等等，這種種由『自我』實體執著而引發出來的錯誤觀念又反過來強化著『自我』觀念。如果一個修行人能如實了解上面所說的一切，他就必然能厭離痛苦煩惱的世俗生命狀態，在生命淨化的最高

曼殊室利菩薩復白佛言：「世尊！諸穢土中，何事易得？何事難得？諸淨土中，何事易得？何事難得？」

佛告曼殊室利菩薩曰：「善男子！諸穢土中，八事易得，二事難得。何等名為八事易得？

一者、外道；二者、有苦

境界裡，遠離種種戲論、實體性的偏見執著，生命活動中也不再有主觀慾念、意志的參與，它是完全自然而然、自由自發的。善男子！你應當知道，以上就是陀羅尼義的大致梗概。」

曼殊室利菩薩又問佛說：「世尊！在污穢的國土世界裡，哪些情況很容易看到？哪些情況很難出現呢？在淨化了的生命世界裡，哪些情況很容易看到，哪些情況很難出現呢？」

佛陀告訴曼殊室利菩薩說：「善男子！在污穢的國土世界裡，有八件事情隨處可見，有兩種情況很難出現。哪八件事情隨處可見呢？

第一，外道；第二，痛苦煩惱的眾生，第三，

眾生；三者、種姓家世興衰差別；四者、行諸惡行；五者、毀犯尸羅；六者、惡趣；七者、下乘；八者、下劣意樂加行菩薩。何等名為二事難得？一者、增上意樂加行菩薩之所遊集，二者、如來出現於世。曼殊室利！諸淨土中與上相違，當知八事甚為難得，二事易得。」

爾時，曼殊室利菩薩白佛言：「世尊！於此解深密法門中，此名何教？我當云何奉持？」

種姓、家世的興衰差別；第四，行諸惡行；第五，違法犯罪之事；第六，地獄、畜生、餓鬼這三種邪惡的生命；第七，小乘；第八，未登地的菩薩。哪兩種情況很難出現呢？其一，許多志向廣大能解除其他眾生的痛苦煩惱之人；其二，作為真理化身的佛出現在生存世界上。曼殊室利！在淨土中，情況與上面恰好相反，前八件事情將極難看到，後兩件事情則隨處可見。」

當時，曼殊室利菩薩又稟告佛陀說：「世尊！我們在解析深奧意蘊的教法中，這教法叫甚麼呢？我們應該怎樣去護持及奉行它？」

佛告曼殊室利菩薩曰：「善男子！此名如來成所作事了義之教，於此如來成所作事了義之教，汝當奉持。」

說是如來成所作事了義教時，於大會中有七十五千菩薩摩訶薩，皆得圓滿法身證覺。

佛陀告訴曼殊室利菩薩說：「善男子！以上教法叫做如來成所作事了義之教，你應當根據此如來成所作事了義之教，對教法護持和奉行。」

佛說完了如來成所作事了義之教，參加此會聽法有七萬五千的大菩薩，皆獲得圓滿法身，證覺無上佛果。

國家圖書館出版品預行編目（CIP）資料

解深密經精要,最真實心識的智慧：生命本無生滅,存在本身即是圓滿安樂自由 / (唐)玄奘原譯；梁崇明編譯. -- 初版. -- 新北市：大喜文化, 2019.11
面；　公分. -- (經典精要；108006)
ISBN 978-986-97879-3-2(平裝)

1.經集部

221.761　　108010483

經典精要 108006

解深密經精要，最眞實心識的智慧：生命本無生滅，存在本身即是圓滿安樂自由

原　　譯：（唐）玄奘
編　　譯：梁崇明
編　　輯：謝文綺
發 行 人：梁崇明
出 版 者：大喜文化有限公司
封面設計：大千出版社
登 記 證：行政院新聞局局版台省業字第 244 號
P.O.BOX ：中和市郵政第 2-193 號信箱
發 行 處：23556 新北市中和區板南路 498 號 7 樓之 2
電　　話：02-2223-1391
傳　　真：02-2223-1077
E-Mail：darchentw@gmail.com
銀行匯款：銀行代號：050　帳號：002-120-348-27
　　　　　臺灣企銀　帳戶：大喜文化有限公司
劃撥帳號：5023-2915，帳戶：大喜文化有限公司
總經銷商：聯合發行股份有限公司
地　　址：231 新北市新店區寶橋路 235 巷 6 弄 6 號 2 樓
電　　話：02-2917-8022
傳　　真：02-2915-7212
出版日期：2019 年 11 月
流 通 費：$350
網　　址：www.facebook.com/joy131499
I S B N：978-986-97879-3-2